요제프 괴벨스

정철운 지음

# 요제프
# 괴벨스

프로파간다와
가짜뉴스의
기원을 찾아서

인물과
사상사

# 왜
# 지금
# 괴벨스인가?

———————

나치 독일의 선전장관 파울 요제프 괴벨스Paul Joseph
Goebbels, 1897~1945. 우리는 필요할 때마다 '괴벨스'를 꺼
내 사용한다. 그러나 정작 괴벨스가 누군지 잘 모른다.
이 짧은 글의 목적은 20세기의 문제적 인물을 오늘의 시
점에서 빠른 시간 안에 제대로 이해하는 데 있다. 이 책은
일종의 괴벨스 입문서다. 독재자 히틀러를 독일의 신화
로 창조한 극악무도한 선동가로 단정하고 넘어가기에는
괴벨스가 남긴 '유산'이 적지 않다. 괴벨스의 후예들은

지금도 세계 곳곳에서 독재자를 찬양하고 부당한 권력을 정당화하며 가짜뉴스를 전파하고 있다.

왜 지금 '괴벨스'인가? 미국에서는 가짜뉴스의 숙주 도널드 트럼프가 대통령에 당선되었고, 독일과 프랑스를 비롯한 유럽에서도 극우정당이 약진하고 있다. 특히 독일에서는 네오나치로 알려진 AfD(독일을 위한 대안)가 2017년 총선에서 12.6퍼센트의 지지를 받으며 제3당이 되었다. 극우 인종주의 정당으로 알려진 AfD의 약진은 과거 나치의 성장과 유사한 흐름이다. 일본에서는 아베 신조가 장기집권을 노리고 있고, 중국의 시진핑은 이미 독재체제를 구축했다. 극우는 놀랍게도 세계적인 흐름이다. 경제가 침체되고 실업이 증가할수록 변형된 인종주의와 배타적 국가주의가 강화되며 극우의 자양분이 된다.

한국 사회는 2016년 겨울 수백만 명의 시민이 촛불을 들고 거리로 나오며 극적으로 극우의 패배를 끌어냈다. 세계적으로 매우 특별한 국면이었다. 그러나 극우는 잠시 패퇴했을 뿐 여전히 한국 사회에 잔존하고 있다. 그래서 우리는 현대적 극우정치의 교본이자 선전선동의 전략가였던 괴벨스를 이해해야 한다. 오늘날 잔존하는 극우의 상당수가 괴벨스의 전략을 21세기에 맞춰 변형 또는 답습하고 있어서다. 예컨대 공정방송의 진지에서 극우의 진지가 되어버렸던 과거 MBC에서 살아남은 기자들은 지난 5년간 MBC를 '아우슈비츠 수용소'라 불렀다. 단순한 수사가 아니다.

요제프 괴벨스. 이 문제적 인물은 장애로 인해 우울한 청년기를 보낸 문학박사 출신으로 번번이 언론사 취업에 실패한 취업 준비생이었으며, 제1차 세계대전 이후 천문학적인 전쟁 배상금을 내야 했던 패전국가의 굴욕을 떠안은 국민이었으며, 최초로 라디오와 영화라는 현대적 미디어를 이용해 여론을 장악한 프로파간다의 선구자였다. 괴벨스는 총통 신화의 창시자였다. 전쟁을 우려하는 이들에게 "히틀러는 오류를 저지를 수 없다"며 총력전을 호소했다. 그에게 히틀러는 '섭리의 도구'였다. 독일 사회의 국민들은 어떻게 왜 괴벨스의 광기 어린 연설과 사설에 갇혀 있었을까?

"난 그들을 동정하지 않아. 이건 그들 스스로 자

초한 일이라고. 우리는 그들에게 강요하지 않았어. 그들
은 우리에게 위임했지. 그리고 지금 그들은 그 대가를 치
르고 있는 거야." 영화 〈몰락: 히틀러와 제3제국의 종말〉
(2004)의 괴벨스 대사처럼, 괴벨스는 독일인들에게 새로
운 감정을 주입하지 않았다. 단지 선전이란 도구를 이용
해 모두의 가슴 한 곳에 담고 있던 욕망과 감정을 극도로
끌어올렸을 뿐이다. 그래서 더 소름 끼친다.

    나는 괴벨스를 전공한 역사학자가 아니다. 하지
만 한국에 괴벨스를 소개하는 간략한 책 한 권이 없다는
사실이 아쉬웠다. 특히 권력자가 언론을 선전도구로 쓰
는 현실에서 기자인 내게도 괴벨스는 적지 않은 의미를
주는 인물이었다. 한국 사회에 괴벨스의 '변종'들이 설치
고 다닌다는 사실에서 괴벨스 연구는 독일에 국한될 수
없다. 훗날 본격적인 괴벨스 연구가 한국에서 이루어지
길 바란다.

    이 책은『괴벨스, 대중 선동의 심리학』(랄프 게오
르크 로이트, 김태희 옮김, 2006)에 큰 빚을 졌다. 이밖에도
『파시즘』(케빈 패스모어, 강유원 옮김, 2007), 『프로파간다』

(에드워드 버네이스, 강미경 옮김, 2009),『미디어 이벤트』(다니엘 다얀·엘리후 캐츠, 곽현자 옮김, 2011),『여론』(월터 리프먼, 이충훈 옮김, 2012),『미디어란 무엇인가』(노르베르트 볼츠, 김태옥·이승협 옮김, 2011),『한국의 언론 통제』(김주언, 2008),『독일 제3제국의 선전 정책』(네이비드 웰시, 최용찬 옮김, 2001),『히틀러의 뜻대로: 히틀러의 조력자들』(귀도 크놉, 신철식 옮김, 2003),『괴벨스 선전 전략』(이재원, 2013),『커뮤니케이션 사상가들』(강준만, 2017),『미하엘』(파울 요제프 괴벨스, 강명순 옮김, 2017) 등의 도움을 받았다. 괴벨스의 삶을 따라가면서도 그의 선전 기술과 여론 장악, 언론에 대한 관점 등을 중심으로 서술하고자 했다.

# 차례

# 20세기
# 최악의 세대,
# 자본주의를
# 경멸하며
# 성장하다

_____

비스마르크의 독일 황제제국 시대였던 1897년 넷째로
태어난 괴벨스는 노동자 출신으로 공장 지배인까지 올라
간 아버지 밑에서 자랐다. 괴벨스 가족은 연립주택에서
검소하게 살았다. 그는 어린 시절 폐렴과 골수염을 앓았
다. 폐렴을 앓았던 허약한 소년의 오른쪽 다리는 마비되
었고, 결국 다리를 절며 다녀야 했다. 집 밖에 나가는 일
이 줄었다. 그는 신체장애를 지식으로 만회하고 싶었다.
우수생이 되었고, 연극에도 재능을 보였다.

이런 식의 설명만으로는 괴벨스의 성장 과정을 이해할 수 없다. 사람을 이해하기 위해서는 그 사람이 살았던 시대를 이해하려는 노력이 필요하다. 돌이켜보면 '1897년 괴벨스 세대'는 최악의 세대였다. 푸른 꿈이 무르익어야 할 17세에 제1차 세계대전을 경험했고, 직장을 잡고 가정을 꾸릴 무렵인 32세에 세계대공황을 겪고, 집안의 가장으로서 사회의 주축이 되는 42세에 제2차 세계대전을 겪어야 했다. '뭘 해보고 싶어도 할 수 없는 세대'였다. 독일은 1871년 프로이센의 힘으로 위로부터 통일되었다. 독일제국은 반가톨릭주의, 반사회주의, 반자유주의적인 배타적 민족주의를 바탕 이념으로 삼았다. 독일의 정치적 팽창은 독일의 존재를 증명하는 동시에 우월한 문화를 확산시키기 위한 민족적인 사명이었다. 괴벨스는 자연스럽게 민족적 사명을 배우며 자랐다.

17세이던 1914년, 제1차 세계대전이 벌어졌다. 괴벨스는 전쟁이 희망을 안겨준다고 생각했다. 참전을 원했지만 장애 때문에 제국은행에서 대체 복무를 해야 했다. 민족적 열광은 젊은이를 사로잡았다. 종교와 애국심이 하나가 되었다. 전장에서의 죽음은 조국의 제단에 바친 성스러운 희생으로 미화되었다. 작문 시간에는 '왜 우리는 이겨야만 하고 이기기를 원하고 이길 수밖에 없는가'라는 주제를 다루었다. 러시아 볼셰비키 혁명이 있던 1917년, 괴벨스는 아비투어Abitur(대학입학시험)에 합격해 그해 4월 본대학에 입학했다. 성적이 우수해 졸업사를 낭독했다.

"그리고 그대 독일, 막강한 조국, 우리 아버지들의 신성한 나라, 굳게 서 있으라, 곤경과 죽음 안에서도 굳게…… 신이여, 조국을 돌보소서."

그러나 전쟁은 독일의 패배로 끝났다. 황제 빌헬름 2세는 1918년 11월 11일 퇴위했다. 왕정이 끝났다. 1919년 1월 총선거로 제헌의회가 소집되었고 여기서 바이마르헌법이 채택되었다. 바이마르공화국은 노동조합에 많은 것을 양보했고 여성 참정권을 승인했으며 1919년 봄 선거에서는 사회주의 진영이 지지를 얻었다. 패전 이후 독일은 혼란스러웠다. 1919년 이래 5년간 내각이 여덟 차례 바뀌었다. 괴벨스의 마음은 어땠을까? 20년 넘게

왕정국가에서 살던 청년이 시민들이 뽑은 왕이 지배하는 공화국에서 살게 되었는데, 선거는 아무것도 해결해주지 않았고 왕은 너무 자주 바뀌어 권위가 없었다.

이런데다 러시아혁명은 유럽을 공포로 몰아넣었다. 독일에서는 병사 소비에트와 노동자 소비에트기 만들어졌다. 1919년 1월 로자 룩셈부르크가 이끄는 스파르타쿠스단은 민주적 의회주의 세력에 맞서 군단을 조직해 봉기를 일으켰다. 이 무렵 괴벨스는 친구에게 보낸 편지에서 "저급하고 무의미한 군중의 혼돈 속에서 사람들이 다시 지도자와 힘을 찾아 절규할 때가 올 것"이라고 적었다. 대학 시절 그는 "공화국을 할 만큼 독일 국민들은 성숙하지 못하다"는 결론을 내리기도 했다. 그 증거로 패전 이후 혼란한 정세 속에서 제국의 통일을 위협하는 분열주의 세력을 이야기했다. 절대자에 대한 미련이 남아 있었던 그는 결국 훗날 '총통'을 받아들인다.

괴벨스는 대학 생활 초기 가입한 가톨릭 단체에서 탈퇴하고 마르크스의 책을 읽기 시작했다. 1919~1920년 사이 괴벨스와 그의 애인 안카 슈탈헤름은 바이에른 뮌헨에서 공부했다. 1919년 봄 그곳에서는 급진 좌파가 뮌헨 소비에트공화국을 선포했고 이 시기는 약 7개월간 이어졌다. 그는 이 무렵 단편 극본 「노동자 계급의 투쟁」을 썼다. 주인공은 증오심에서 힘을 키웠다. 그는 독일 사회주의자들의 무장단체 '붉은 군대'에 열광했으며 한때나마 무신론적 공산주의자들의 체제 전복 투쟁을 응원했다. 젊은 시절이었다.

그러는 사이 부르주아의 딸이었던 안카와 멀어지기 시작했다. 그는 안카에게 쓴 편지에서 "이 세계가 수백만 명의 생명을 마음대로 결정할 권한을 손에 넣은 특권 계급에 의해 지배당한다는 사실은 썩어 빠진 일이고 비참한 일"이라고 적은 뒤 "이 특권 계급은 전 세계에 마수를 뻗치고 있다. 자본주의에는 국적이 없다"고 썼다. 그는 또한 "자본주의는 새 시대로부터 아무것도 배우지 못했고 배우려 하지도 않는다. 자신의 이익을 다른 수백만 명의 이익보다 우선시하기 때문"이라며 적대감을 드러냈다. 그는 애인에게 "유산계급이 과거 힘겨운 노동을 해서 그 부를 획득했다고 너는 말한다. 그렇지만 넌 자본

괴벨스는 독일 사회주의자들의 무
장단체 '붉은 군대'에 열광했으며,
무신론적 공산주의자들의 체제 전
복 투쟁을 응원했다. 1910년의 괴
벨스(오른쪽).

주의가 그 부를 획득했을 당시에 노동자들은 어떻게 살고 있었는지도 알고 있는지"라고 되물으며 비수를 꽂는다. 애인에게 보내기에는 과격한 편지였다.

그는 1921년 하이델베르크대학에서 낭만주의 극작가 빌헬름 쉬츠 연구로 문학박사 학위를 받았다. 그는 분명 공부에 소질이 있었다. 가족들은 그를 자랑스러워했다. 그러나 안카는 그에게 돌아오지 않았다. 그는 유서를 쓰기도 했다. 연애하기 피곤한 스타일이었다. 안카는 변호사 남자와 결혼했다. 훗날 시간이 흘러 이혼을 하고 생활이 어려워진 그녀는 당시 선전장관 괴벨스를 찾아가 도움을 청했고 괴벨스는 베를린 여성지 편집부에 그녀를 위한 일자리를 마련해주었다.

박사 괴벨스는 유명한 저널리스트가 되고 싶었다. 그러나 1921년 독일은 패전 이후 실업과 빈곤으로 가득했다. 일자리가 부족했다. 1919년 체결된 베르사유조약은 보복적인 성격으로 패전국들에 가혹한 배상을 강요했다. 당시 독일은 해외 식민지를 상실했고 경제적으로는 알자스로렌 지방을 프랑스에 빼앗겼다. 독일은 철광의 3/4, 아연광의 2/3, 탄광의 1/4을 잃었다. 1921년 전쟁배상위원회는 독일의 배상금 총액을 330억 달러로 결정했는데, 이 액수는 당시 독일 경제력으로는 도저히 감당할 수 없는 거액이었다. 프랑스는 배상이 충분히 이루어지지 못한 것을 이유로 1923년 루르 지방을 점령하기도 했다.

배상금 문제는 독일 민족의 자존심에 큰 상처를 주었고, 이는 바이마르공화국에 대한 불만과 우익의 성장에 유리한 상황을 만들었다. 당시 괴벨스는 『베스트도이체 란데스차이퉁』에 기고한 글을 통해 "우리 시대의 정치적·정신적·도덕적 혼란의 책임은 물질주의에 있다"고 주장하고 '독일 혼'의 자각을 물질주의에 대한 대안으로 내세웠다.

당시 그가 말한 '독일 혼'은 뮌헨에서 등장하고 있었다. 히틀러는 1920년 2월 24일 뮌헨에서 국가사회주의독일노동자당Nationalsozialistische Deutsche Arbeiterpartei, NSDAP 당원들을 상대로 나치의 깃발을 들었다. 나치는 베르사유조약·의회제도 폐지, 징병제 실시, 오스트리아

합병, 식민지 요구, 유대인 배척, 중산층 보호를 주요 강령으로 삼았다. 히틀러는 '승리 아니면 죽음'이라는 바그너식 이상을 꿈꾸었고, 인종주의에 집착했다. 히틀러는 각각의 인종에는 순결함에 대한 의지가 있는데, 유대인이 모든 유전적 질병을 퍼뜨리고 있다고 주장했다. 제1차 세계대전에서 독일이 패배한 원인을 선전에서 찾았던 히틀러는 미국을 호전적 애국주의로 광분하게 만들었던 연방공보위원회에 버금가는 선전기구를 만들기 위해 '동료'를 찾고 있었다.

# 언론사 취업 실패와
## 첫 직장 해고
### 청년 백수,
### 히틀러를 만나다

_____

장애가 있는 가난한 패전국 남성이 박사 학위로 할 수 있
는 일은 많지 않았다. 번번이 신문사 취업에 실패한 괴벨
스는 새 애인의 도움으로 1923년 1월부터 드레스덴은행
퀼른 지점에서 직장 생활을 시작했다. 매일 오전 5시 30분
기차를 타고 고향인 라이트에서 퀼른까지 출근했다가 오
후 8시경 돌아오는, 지금 시대와 비교해도 꽤 빡센 일과
였다. 출퇴근에 버리는 시간이 많아 이후 퀼른에 월세로
집을 얻었으나 생활하기가 벅찼다. "여기 퀼른에선 매달

100여 명의 아이들이 영양실조로 인한 폐결핵으로 죽어가고 있다." 그는 살인적 인플레이션과 실업난으로 가득했던 바이마르공화국을 저주하며 사회생활을 이어갔다. 당시 청년들에게 희망은 사치였다.

괴벨스는 은행 일에도 환멸을 느꼈다. 투기꾼들이 곤경에 빠진 사람들에게서 토지를 헐값에 사들여 엄청난 재산을 모으고 있었다. 직장 동료들도 마르크화의 급격한 평가절하를 이용해 주가 정보로 돈을 벌었다. 그는 애인에게 "직업에 만족하지 못한다는 것은 참혹한 고통"이라고 전하며, "우리들은 가슴속에 새로운 세계를 품고 있고 오직 수치와 경멸로 낡은 세계를 참아내고 있을 뿐"이라고 적었다. 사회 초년생으로서 그의 관점은 공감가는 대목이 많았다. 심지어 그는 폭력배들에게서 강도 피해를 당해 중상을 입기도 했다. 돈을 빼앗기고 두들겨 맞았다.

그는 새 시대를 원했다. 새 시대는 새로운 '독일적 인간'을 탄생시킬 것이라 믿었다. 그 무렵부터 괴벨스는 자전소설 『미하엘』을 쓰기 시작한다. 소설은 버려지

같은 세상을 버텨내기 위한 탈출구였으리라. 소설 속 주인공 미하엘은 대학에서 공부했지만 지식인에게 환멸을 느꼈고, 탄광으로 들어가 노동자로 살다가 죽음을 맞이한다. 『미하엘』은 괴벨스가 쓴 유일한 문학작품으로, 그의 선전의 콘텍스트를 이해하는 데 도움이 된다(『미하엘』은 뒷장에서 소개하겠다).

1923년 괴벨스는 1년도 못 버티고 은행에서 해고되었다. 이 짧은 경력으로는 이직도 불가능했다. 부모에게 이 사실을 알릴 수 없었다. 그는 무려 박사였지만 실업자였다. 실업 보조금도 받지 못했다. 그해 10월 고향으로 돌아갔다. 그는 누구보다 인정받고 싶었지만 현실은 비참했다. 비슷한 시기 히틀러도 어려움에 처했다. 그는 무장 돌격대원 1,500여 명과 뮌헨에서 쿠데타를 시도했다. 16명이 죽고 히틀러는 2년형을 선고 받았다. 히틀러는 감옥에서 '대리인' 루돌프 헤스에게 구술한 필기를 토대로 『나의 투쟁』을 출간하며 후일을 도모했다.

괴벨스는 1924년 자기소개서에 자신의 이력을 '미화'하면서까지 몇몇 신문사에 지원했으나 취업에 실패했다. 아마 그의 장애와 냉소적인 태도가 면접의 걸림돌이었을지 모른다. 부모와 약혼녀에 의존해 살아가던 청년 백수는 세상의 따돌림을 받고 있다는 생각에 모두를 증오했다.

이 무렵 그는 영국 출신 인종주의 이론가 스튜어트 체임벌린의 『19세기의 기초』를 읽었다. 이 책에 따르면 그리스 예술과 철학, 로마 법, 기독교라는 고대 유산을 계승한 아리안 민족은 지배 인종이며 물질주의를 극복할 종족으로 선택받았다. 괴벨스는 유대인을 물질주의의 화신, 악으로 규정했다.

그는 마르크스, 트로츠키, 룩셈부르크가 모두 유대인이라는 점에 착안해 "마르크스주의가 유대인들의 속임수이고 인종적 자각을 지닌 민족을 거세하고 도덕을 타락시키려는 것"이라고 결론 냈다. 그는 유대인을 제거해 서구의 몰락을 막아야 한다고 진지하게 생각했다. 100년 전만 해도 인종주의는 괴벨스만의 괴이한 생각은 아니었다. 독일의 인종주의를 비판하던 미국은 1960년대에도 버스에 '흑인 지정석'이 있었다.

히틀러는 1924년 2월 재판에서 자신의 쿠데타를 좌파와는 다른 애국적 행위라고 변호했는데, 괴벨스는 히틀러의 주장에 깊이 매료되었다. 나치는 당이 불법화되자 독일민족자유당과 연합해 민족주의-사회주의 연합으로 선거에 나섰는데, 주요 강령은 반유대주의, 의회주의와 마르크스주의에 맞서자는 것이었다. 괴벨스는 황제가 다스리던 과거의 독일로 돌아가는 대신, 히틀러에게 자신의 운명을 걸기로 결심했다. 그는 더 잃을 것도 없었다.

그는 전국 규모의 민족주의 모임에 참석하며 하켄크로이츠(나치 상징 깃발)에 열광했다. 대학 졸업 이후 오랜만에 느끼는 소속감이었다. 그는 나치의 소속감에 만족했다. "새로운 사상의 사도들인 우리는 이렇게 민족을 일깨워야 한다. 독일은 잠에서 깨어나야 한다." 그는 고향에 돌아가 집회를 열고 토론회를 쫓아다녔다. 그는 집회에서 연설가로 데뷔했고, 『민족의 자유』 편집인이 되었다. 「지도자 문제」란 제목의 논설에서는 "민주주의 지도자는 대중의 자비에 의존한다. 살아남으려면 천박한 대중의 본능에 아부해야 한다. 다른 한편 그는 돈과 사업

괴벨스는 히틀러를 '위대한 독일의
사도'로 치켜세웠으며, 그를 가리켜
"반은 평민이고 반은 신이다!" 라고
찬양했다. 1916년의 괴벨스.

을 지배하는 세력에게 종속된다"고 주장했으며 히틀러를 "위대한 독일의 사도"로 치켜세웠다.

1924년 12월 히틀러가 석방되고 1925년 2월 나치가 다시 당 활동을 재개하자 괴벨스는 곧바로 입당했다. 그는 그해 1월 『민족의 자유』 발행인에게서 해고 통보를 받았으나 나치 북부 라인란트 관구 사무장에 임명되어 새로운 일에 집중했다. 이후 『국가사회주의 서한』 발간의 편집인 직책을 맞게 되었다. 나치의 포섭 대상은 빈곤층이었다. 자연스레 경쟁 상대는 공산당이었다. 공산당은 소련의 등장과 함께 세계적인 대세였다. 자본주의가 인간을 소외시키며 빈곤층을 양산하면서 공산주의는 자본주의의 대안으로 떠올랐다.

일부에서 프랑스 혁명가 '로베스피에르'로 불리기 시작한 괴벨스는 1925년 7월 술집에서 처음 히틀러를 만났다. 히틀러가 쓴 『나의 투쟁』을 열독했던 괴벨스는 자신의 견해와 다른 부분은 모른 체하고 마음에 드는 부분만 발췌해 머리에 입력했다. 괴벨스는 히틀러를 가리켜 "이 남자는 누구인가? 반은 평민이고 반은 신이다!"라며 찬양했다. 11월 두 번째 만남에서 괴벨스는 히틀러의 모든 것을 관찰했다. 히틀러는 "기지, 아이러니, 유머, 신랄함, 진지함, 타오르는 정열이 있는" 사람으로 묘사되었다.

괴벨스는 나치즘의 정강政綱 초안을 작성했다. 당시 괴벨스가 작성한 「나치즘의 ABC」에 따르면 나치의 목표는 사유재산의 재구성과 제한을 위한 농업혁명이었고, 공업 부문에서는 주요 기업의 국유화였다. 그가 생각한 나치의 주적은 '증권 자본주의'였다. 그는 "증권 자본은 생산적 자본이 아니라 기생적이고 탐욕적이다. 그 자본의 주된 주체는 유대인이다. 이들은 생산하는 대중을 자신들을 위해 일하게 하고 노동의 이윤을 자기 주머니에 쑤셔넣는다"고 주장했다.

# 『미하엘』의 메시지, "전심전력을 다해 증오해야 한다"

이 책의 부제는 '일기에 나타난 어느 독일인의 운명'이다. 괴벨스가 남긴 유일한 소설로, 세계대공황이 있던 1929년 출간되었다. 나치에 입당한 뒤 4년 뒤 나온 글로 그의 나이 32세였다. 앞부분의 상당 분량은 연애하는 내용인데 그쪽으로는 글쓰기에 소질이 없었던 것 같다. 이 책에 등장하는 미하엘의 고민은 곧 괴벨스의 고민으로 해석된다. 물질주의에 대한 반감, 종교인에 대한 실망, 정치 지도자에 대한 분노가 이 책에 섞여 있다. 미하엘의 대사에서는 괴벨스 선전의 기초가 되는 세계관이나 도덕관 념들을 확인할 수 있다. 당시 세계에 대한 그의 진단은 '붕괴', '혼란'이다.

"이 시대는 너무나 비참하다! 어디를 둘러봐도 붕괴와 혼란뿐이다. 건설도 없고 시작도 없고 전진도 없다."

"질서와 통합, 우리한테는 그게 필요하다. 삶의 고통을 삶의 구성 요소로 바꿔야 한다. 우리 시대의 상처는 무질서에서 오는 혼란이다."

전쟁과 세계대공황을 온몸으로 부딪힌 그로서는 당시의 혼란은 우리가 상상하는 것 이상이었으리라. 자고 일어나면 폭격으로 사람이 죽고, 돈의 가치는 하루가 다르게 급락하는 세상에서 내일이 예측 가능한 삶을 꿈꾸는 건 사치였다. 잃을 게 없었던 그의 해결책은 급진적인 투쟁이었다. "우리는 투쟁과 노동을 통해 돈으로부터 해방돼야 한다." 이를 위해 그는 바이마르공화국을 저주했으며, 동시에 무질서한 세상의 이데올로기였던 자유주의와 민주주의를 경멸했다.

"국민이 스스로 통치한다는 미친 생각은 자유주

의의 산물이다. 자유주의가 표방하는 국민주권 뒤에는 세상에서 제일 교활한 사기꾼들이 숨어 있다.……정치인 없는 국민은 없다! 신 없는 세상은 없다!"

"민주주의 정당들은 사업가 집단이나 마찬가지다. 정당은 미해결의 문제들을 먹고사는 집단이다. 그렇기 때문에 그들은 문제를 해결하는 데는 아무 관심도 없다."

정당정치에 대한 굉장히 냉소적인 이 대목은 당시 혼란스러웠던 독일 정치를 떠올려보면 이해할 수 있다. 많은 정당이 등장했다 사라지고 연합했다 갈라지고를 반복하는 가운데 의회는 걸핏하면 마비되었다. 왕이 사라지고 난 뒤 권력은 분산되어 법을 만들고 집행하는 절차는 복잡해졌고 그동안 독일은 패전국으로서 영토가 찢기고 과거의 지위를 잃었다. 이런 시대를 살게 되면 대게는 절대적 힘을 지닌 구원자나 영웅의 등장을 순진하게 꿈꾸기 마련이다. 문제는 그게 현실에서 히틀러라는 독재자로 구현되며 끔찍한 악몽이 되었다는 사실이다. 민주주의를 가능케 하는 언론의 자유에 대한 그의 관점도 이 책에 등장한다.

"신문에서 비방과 욕설이 난무한다. 기자들은 무책임한 낙서꾼들이다!"

"트집 잡는 데 혈안이 된 비평가들이여, 제발 악마가 너희들을 붙잡아가기를!"

사실 괴벨스의 말이 틀린 말은 아니다. 낙서꾼, 트집 잡기……. 언론계 종사자로서 쓰레기 같은 기자가 많은 게 사실이라 솔직히 쉽게 부정하기 어렵다. 그는 정말 많은 기자를 악마라고 생각했던 것 같다. 이 경우 결국 해답은 '정화'다. 그래서 그는 훗날 기자 자격을 나치가 부여하는 식으로 법을 바꿔버린다.

언론에 대한 그의 관점은 '언론=선전'이었다. 그는 본질적으로 언론이 선전이라 생각했다. 오늘날 불편부당성·객관성·공정성 같은 언론의 주요 가치에 대해 괴벨스는 받아들일 생각도 없었고 애초에 그런 가치는 존재할 수 없으며 그런 가치를 주요하게 강조하는 것 또한 선전의 일부라고 생각했던 것으로 보인다.

예컨대 한국 사회의 언론개혁운동세력 내에서는 조중동이나 일부 종합편성채널을 두고 공정하고 객관적으로 보도할 수 있게끔 견인해야 한다는 쪽이 있고, 조중동과 종합편성채널은 절대 공정한 보도를 할 수 없으니 폐간시켜야 한다는 쪽이 있다. 이 경우 조중동과 종합편성채널에 대한 양쪽의 비판은 겉으로는 같아 보이지만 결이 다른 셈인데, 괴벨스는 후자의 입장에 가깝다고 볼 수 있다. 어차피 언론은 선전도구일 뿐이고, 승자의 언론은 '선전', 패자의 언론은 '선동'이 되는 세상이라면 결국 중요한 건 상대를 패자로 만드는 것뿐이다.

과거의 언론인 지망생은 또한 소설 속에서 정치가를 이렇게 정의한다.

"정치가 역시 예술가라 할 수 있어요. 정치가에게 국민이 갖는 의미는 조각가에게 돌이 갖는 의미와 똑같아요."

자신을 예술가로, 국민들을 깎아내야 할 돌로 비유한 셈이다. 자신의 입맛에 맞게 그럴듯하게 논리를 만들어내는 데는 확실히 능력이 있었던 것으로 보인다. 그런데 조각가들은 대개 쓸 만한 돌을 골라 쓴다. 필요 없는 돌은 그냥 부숴버린다. 조각가가 유대인이라는 '특정한

괴벨스는 『미하엘』에서 "사회주의, 그것은 좌파와 우파를 연결해주는 다리다"라고 명명했다. 1921년의 괴벨스.

돌'을 모두 부수기로 작정하면 조각가는 더는 예술가가
아니다.

소설 속에서는 몇몇 이데올로기도 정의한다.

"국가주의란 무엇인가? 그것은 우리가 독일의 편
에 서는 것을 말한다. 왜냐하면 우리가 독일인이기 때문
이고, 우리의 조국은 독일이므로 독일의 영혼은 곧 우리
의 영혼이기 때문이며, 우리는 모두 독일 영혼의 일부이
기 때문이다."

괴벨스는 또한 사회주의를 강조하는데, 여기서
그가 쓰는 사회주의의 의미를 정확히 이해해야 한다. 우
리가 오늘날 이해하는 사회주의와는 맥락이 다르기 때문
이다. 괴벨스는 이 책에서 "사회주의자가 된다는 것. 그
것은 내가 너에게 복종하고 개인이 전체를 위해 희생해
야 된다는 뜻이다. 사회주의는 봉사를 의미한다"고 적었
으며 "사회주의, 그것은 좌파와 우파를 연결해주는 다리
다"라고 명명한다. 그가 말하는 사회주의는 평등보다 통
합에 방점을 찍고 있었다.

"위와 아래 사이에 오만의 벽, 재산의 벽, 교육의

벽이 가로놓여 있다. 우리는 더이상 서로를 이해하지 못한다. 우리는 한 민족이 아니라 두 개의 파벌이다. 그래서 우리는 세상을 지배하는 강대국들의 손아귀에 들어간 장난감이 되었다. 위와 아래가 하나가 될 때, 세상은 우리의 것이 된다. 하지만 연설과 각오만 갖고서는 절대 그것에 도달하지 못한다. 성스러운 폭풍우가 깨끗이 휩쓸고 지나가야만 가능해진다. 우리는 처음부터 새로 시작해야 한다."

이와 같은 맥락에서 그는 국가사회주의의 '쓸모'를 찾으며 정당정치를 벗어나 소수 엘리트 독재를 정당화한다.

"세상에서 제일 용감한 자들이 권력을 쥐고 있다면 솔직하게 말해야 한다. 우리는 지금 독재를 하고 있지만, 대신 역사에 대한 책임은 우리가 질 거라고 말이다. 그런 우리에게 대체 누가 돌을 던지겠는가. 겁쟁이들은 권력을 쥐고 있을 때, 국민이 지배하고 있다고 말한다. 그러면서 책임을 회피하고 자신들의 가식에 저항하는 사람들을 돌로 쳐 죽인다. 지배는 항상 소수에 의해 이루어진다. 국민들은 용감한 자들의 공개적인 독재 치하에서 살 것인지 겁쟁이들의 위선적인 민주주의 치하에서 죽을 것인지 선택할 권리만 갖고 있다."

혼란의 시대를 정리하기 위해서는 소수의 혁명가가 관료주의를 무시하고 '쓰레기'들을 일시에 정리해야 한다고 생각한 괴벨스는 "역사에 대한 책임은 우리가 질 것"이라는 무책임한 말로 자신의 입장을 정리한다. 괴벨스는 결국 청산가리를 먹고 죽으면 그만이었지만, 그리고 그는 역사의 패배자로서 죽은 뒤에도 선동가로 악명을 유지하고 있지만, 그것으로 역사에 대한 책임을 졌다고 볼 수는 없다. 그로 인해 희생당한 유대인과 독일인, 수많은 세계인과 홀로코스트라는 인류적 비극을 떠올려 보면 괴벨스의 '책임론'은 궤변이다.

이 책에서 가장 놀라운 대목은 유대인에 대한 혐오감이다.

"유대인은 본질적으로 우리와 맞지 않는다. 나는 유대인을 경멸할 뿐, 증오하지 않는다. 유대인은 우리 독일인의 몸에 들러붙은 고름 덩어리 같은 존재다."

"유대인이 우리를 멸망시키든가, 아니면 우리가 그들을 무릎 꿇리든가. 둘 중 하나다. 다른 것은 있을 수 없다. 평화롭게 지내자고? 사람의 폐가 결핵균과 공생할 수 있나."

"예수 그리스도는 절대로 유대인이 아니다! 내 주장을 과학적으로 입증할 필요는 없다. 어쨌거나 그게 사실이다!"

"유대인은 역사상 최초로 영원한 진실을 덮기 위해 예수를 십자가에 못 박았다."

"러시아에서는 유대인의 속임수, 비겁한 유혈 테러, 대중들의 무한한 인내심이 전부 뒤섞인 것을 세계적이라고 말한다."

"자기 민족을 사랑하는 자는 자기 민족을 멸망시키는 자들을 증오해야 한다. 전심전력을 다해 증오해야 한다."

괴벨스 이전 세대에도 유대인을 혐오하는 이들이 존재했다. 괴벨스가 유대인 혐오의 창시자는 아니다. 하지만 그는 사람들의 내면에 있던 유대인 혐오를 극적으로 끌어올렸다. 왜일까? 괴벨스에게는 혁명의 원동력인 '증오'가 필요했다. 그리고 괴벨스는 다양한 독일인의 증오를 한 데 묶을 수 있는 이슈가 오직 유대인뿐이라고 판단했다. 이 당시 독일인의 상당수가 종교적·경제적·문화적 측면에서 특별했던 유대인을 별로 좋아하지 않았던 것을 괴벨스가 감지한 뒤 이 감정을 지속적으로 반복·심화시켰다. 사회문제를 정의하고 해법을 제시하는 데 필요한 모든 논리를 '기-승-전-유대인'으로 정리했다.

증오를 투쟁 동력으로 삼는 괴벨스는 이 책에서 또한 나치 선전가로서 호전적인 면모를 과시한다.

"인종이 모든 창조적 힘의 온상이다."

"사람은 항상 병사가 되어야 한다. 제 나라 국민의 혁명에 봉사하는 병사."

"영원한 평화는 꿈이다. 모든 삶은 전쟁이다."

"새로운 것을 형성하려면 기존의 것을 파괴해야만 한다. 자본을 보호하면서 노동을 해방시킬 수는 없다."

자기 자신에 대한 다짐도 눈에 띈다.

"나는 지금까지 단 한 번도 혁명가가 아니었던 적이 없으며 앞으로도 혁명가 말고는 아무것도 되지 않을 것이다."

"우리가 무엇을 믿느냐는 그다지 중요하지 않다. 중요한 것은 단지 우리가 믿는다는 사실이다."

"나는 길을 안내하는 사람이 되고 싶다. 나는 조국에 봉사하고 싶다."

히틀러와의 첫 만남을 암시하는 대목도 보인다.

"폐허 한가운데에서 한 남자가 깃발을 높이 추켜올린다. 그는 단순한 연설가가 아니다. 그는 예언자다! 사람들이 주먹을 움켜쥐고 그를 향해 팔을 들어 올린다.……순간 연단 위의 남자가 나를 힐끗 쳐다본다. 남자의 파란 눈동자가 마치 불꽃 광선처럼 나를 향한다. 이것은 명령이다! 그 순간 나는 새로 태어났다. 나는 마치 다 타버린 석탄재처럼 무너져 내린다."

이 정도면 빠져도 단단히 빠졌다. 그는 "내가 신을 더 크고 더 훌륭하게 만들수록 나 역시 더 크고 더 훌륭해진다", "그릇이 작은 사람일수록 믿음의 능력 역시 부족하다"라는 문장을 적었는데, 이 대목은 히틀러에 대한 충성을 위한 자기 최면의 주문처럼 느껴진다. 그리고 이 책에서는 놀랍게도 훗날 자신과 나치 독일의 미래를 암시하는 대목도 등장한다.

"우리는 한 가지 이념을 갖고 있을 때 결국에는 모두 미쳐 버린다."

# 수도 베를린으로
# 유대인과
# 공산주의를
# 향한 공세

───────

청년 괴벨스는 1924년 당시만 해도 러시아를 두고 "유대인의 국제주의에서 해방된", "물질주의를 거부한", "사회주의적 민족국가"로 생각했고, 『국가사회주의 서한』에서 러시아를 "서방의 악마적 유혹과 부패에 대적하는 우리의 타고난 동맹자"로 명명했다. 이때만 해도 그는 미래의 러시아가 독일의 모범이 될 것이라고 주장했다. 하지만 히틀러는 부르주아계급을 자신의 편으로 끌어들이려 했고, 괴벨스를 비판했다. 괴벨스는 혼란스러웠다.

"이탈리아와 영국이 틀림없는 동맹국이라고? 끔찍하다! 우리의 과제는 볼셰비즘을 붕괴시키는 것이라고? 볼셰비즘은 유대인의 계략이라고? 우리는 러시아를 계승해야 한다. 영주 보상금! 사적 소유의 문제는 흔들려서는 안 된다는 것이다! 끔찍하다!"라고 말했던 괴벨스는 정작 히틀러 앞에서는 침묵했다. 히틀러에 대한 믿음이 자신의 공산주의적 가치관을 포기할 만큼 강했기 때문이다.

히틀러는 괴벨스를 뮌헨으로 초대해 맥주홀 연설 자리를 마련했고, 2시간이 넘는 연설이 끝나자 괴벨스와 포옹했다. 그리고 괴벨스를 자신의 생일에 초대하는 식으로 그를 한껏 띄워주었다. 당내 사회주의 진영에서는 괴벨스가 히틀러와 뮌헨 앞에 굴복했다고 비판했다. 그러나 괴벨스는 히틀러와 함께 나간 1926년 7월 소풍에서 하늘 구름이 하켄크로이츠 모양을 이루고 있었다며 이것이 운명의 징후였다고 기록하며 자신의 '변신'을 정당화한다. 히틀러의 마음에 든 괴벨스는 베를린 관구장으로 가며 '큰물'에서 놀게 된다.

히틀러는 괴벨스가 자신을 맹목적으로 신봉하며

뛰어난 언변을 갖춘 지식인 활동가라 생각했고, 괴벨스가 사회주의적 견해를 갖고 있기 때문에 사회주의 세력이 강했던 '붉은 베를린'에 보내는 것이 적절하다고 판단했다. 당시 나치는 베를린 의회에서 의석이 없었다. 나치는 이때만 해도 민족주의 세력 중 일개 분파에 불과했다. 대부분이 실업자 싸움꾼 무리였던 나치 돌격대는 공산당 테러 조직인 붉은전사동맹과 맞서고 있었으나 역부족이었다.

이 무렵 프랑스 사회심리학자 귀스타브 르봉이 쓴 『군중 심리』에 영향을 받은 괴벨스는 "물고기가 물을 필요로 하는 것처럼 베를린은 센세이션을 필요로 한다"고 생각했다. 르봉은 군중 속에서 개인의 의식적인 성격은 묻히고 집합적인 군중 심리가 지배한다고 주장했다. 그는 군중 행동이 획일적이고 감정이 앞서며, 지적인 면이 약하다고 주장했다. 그에 따르면 군중은 일종의 야만인들이었다. 괴벨스는 야만인들을 사로잡기 위한 여론전에 돌입했다.

괴벨스는 눈에 띄는 일을 시작했다. 베를린에서

국가사회주의자유동맹을 창설하고 당원을 모았다. 그리고 통일된 가두연설 스타일을 익히기 위해 체계적인 훈련을 위한 웅변 학교를 만들었다. 이들과 함께 괴벨스는 하루도 빠짐없이 집회에서 연설하며 '히틀러'를 주입했다. 1927년 초 사무국은 50명의 남자로 구성된 관구 음악대를 창설하고 자동차를 마련했다. 괴벨스는 돌격대를 시내 연대, 교외 연대, 브란덴부르크 연대로 통합한 뒤 제1연대 병력 280명을 20개 대대로 나누는 식으로 재조직했다.

문제는 괴벨스의 활동이 언론에 보도되지 않고 있다는 사실이었다. 괴벨스는 공산주의자들의 핵심 지역에서 대규모 집회를 열기로 결심했다. 촛불이 가득한 서울 광화문 광장에서 태극기 집회를 여는 것과 같은 상황이었다. 이는 언론의 주목을 받기 위한 도발이었다. 그는 붉은 글씨를 사용해 좌파를 자극시켰다. 예상대로 거친 싸움이 벌어졌고 쇠파이프가 오고갔다. 신문은 이를 대대적으로 보도했다.

괴벨스는 군중의 감정과 본능에 호소했다. 돌격

대원들은 하켄크로이츠 군기를 들었다. 괴벨스는 "피는 언제나 우리가 그 다음의 투쟁에서도 단합할 수 있는 최고의 접합제"라고 외쳤으며, 히틀러가 민족주의와 사회주의를 통합했다고 주장했다. 그리고 또다시 이들은 미필적 고의로 붉은전사동맹과 마주쳤다. 괴벨스는 "붉은전사동맹이 우리가 피의 희생을 치르도록 도발했다"고 주장했다. 나치는 유명해졌고, 당원수도 늘었다. 1927년 3월경 베를린 브란덴부르크 관구 당원 수는 3,000여 명에 이르렀다. 성공적이었다.

히틀러가 베를린에 도착했다. 그런데 여론의 반향은 기대 이하였다. 공산주의자들이 '듣보잡' 히틀러를 무시했기 때문이다. 폭력 사건은 벌어지지 않았다. 괴벨스는 이후 나치를 경멸조로 보도했던 신문기사를 당 행사에서 낭독하며 기자를 "야비한 유대인 돼지"라고 비난했으며 자신은 이렇게 기자를 모욕한 데 대해 고소당하기를 원한다고 밝혔다. 그러면 가명으로 글을 쓴 기자의 본명과 주소를 알 수 있기 때문이라고 했다. 그는 당원들을 향해 기사 작성자가 누구인지 알아내 "방문하여 행동

괴벨스는 "피는 언제나 우리가 그 다음의
투쟁에서도 단합할 수 있는 최고의 접합제"
라고 외치며, 군중의 감정과 본능에 호소했
다. 1922년의 괴벨스.

으로 감사를 표현하자"고 선동했다.

　　이후 괴벨스의 연설을 듣던 참석자 중 성직자 한 사람이 이의를 제기했다가 구타를 당한 사건이 발생했다. 베를린 신문들은 이 사태를 보도했으며, 프로이센 정부가 나치에 강하게 대처할 수 있는 여론을 조성했다. 1927년 5월 5일, 베를린 경찰청장은 제국헌법에 따라 나치당 관구와 하부 조직, 돌격대와 친위대의 해산 명령을 내렸다. 이 조직의 목적이 형법에 위배된다는 이유였다. 정당 금지령에 이어 관구장 연설 금지령도 내려졌다.

　　이런 가운데 괴벨스를 제거하려는 내부 투쟁도 시작되었다. 히틀러와 괴벨스 사이가 나빠졌다는 유언비어가 등장했다. 괴벨스는 베를린 당 지부 임시 회의를 개최해 "기형족은 선천적 장애가 아니라 사고로 인한 것"이라고 밝혔으며 이후 자신의 선동 방식이 정당 금지령을 자초했다는 정적政敵 그레고르 슈트라서의 주장에 맞서 금지령은 억지스럽게 이루어진 것이고 당원 증가가 보여주듯 자신은 올바른 노선을 가고 있다고 반박했다. 히틀러는 "괴벨스를 전적으로 신뢰한다"고 밝혔다.

괴벨스는 1927년 『공격』이란 제목의 신문을 창간했다. 당시 베를린에만 130여 개의 신문이 발행되고 있었다. 괴벨스는 베를린 광고탑에 붉은색 포스터를 붙이고 "공격은 7월 4일 이루어진다"며 주간신문의 창간을 알렸다. 하지만 운영이 쉽지 않았다. 그는 경쟁지를 몰아내기 위해 돌격대원을 시켜 가두 판매원을 습격했다. 『공격』은 광신적 반유대주의자가 그리는 만평을 배치했다. 유대인은 작고 뚱뚱하고 추하며 성적 변태에 더러운 눈으로 묘사했다.

괴벨스는 『공격』 사설을 통해 "유대인은 독일이 예속 상태에 놓이게 했고 여기서 톡톡히 재미를 보고 있다. 유대인은 수많은 민중의 사회적 곤경을 악용해 우리 민족 내부에서 불행한 좌우 분열을 가져왔다. 유대인은 독일을 둘로 쪼개놓았고 이것이 제1차 세계대전 패전과 혁명의 타락을 가져왔다"고 주장했다. 그가 낙인의 대상으로 삼은 이는 베를린 나치당 금지 조치에 결정적 역할을 했던 베른하르트 바이스 베를린 경찰청 부청장이었다.

그는 부르주아 정당인 민주당 당원이었지만 괴

벨스는 그를 유대인 마르크스주의자 이미지로 묘사하며 "그는 오늘날 가장 자유로운 공화국이라면서 우리의 머리 위에서 곤봉을 휘두르는 이른바 민주주의라는 것의 비겁함과 위선으로 일그러진 얼굴"이라고 주장했다. 프로이센 정치경찰이 나치를 감시했지만 돌격대 하부 조직은 볼링클럽이나 등산클럽으로 변신해 움직였다. 1927년 8월 나치당 제국전당대회가 열린 뉘른베르크는 나치로 가득했다.

괴벨스는 정치학교를 설립해 강연을 하는 식으로 연설 금지령을 피해갔다. 그는 바이스를 얼음판 위의 당나귀로 그리며 조롱했다. 바이스는 모욕 혐의로 괴벨스를 형사 고소했다. 괴벨스는 첫 심문 자리에서 언론법에 따라 발행인인 자신은 신문 내용에 책임지지 않는다며 빠져나가려 했다. 또한 고발당한 기사와 만평을 누가 작성했는지 모른다고 밝혔다. 당시 기사의 바이라인by-line은 익명이거나 가명이었다.

괴벨스는 이 건과 별개로 재향군인회관에서 일어난 폭력 사건과 관련해 폭력 행위 선동 혐의로 징역 6개월을 선고받았다. 그는 "재판부에는 유대인도 있었다"며 반발했다. 결국 그는 항소심에서 600마르크 벌금형을 받았지만 한 푼도 내지 않겠다고 밝혔다. 1928년 3월 경찰청은 11개월 만에 베를린 나치당 금지령을 해제했다. 그는 곧바로 축음기 음반에 나치의 구호를 녹음해 선전도구로 활용했다. 이는 확성기를 설치한 사동차를 마련한 사회민주당을 따라한 것이었다.

괴벨스는 1928년 5월 20일 제국의회 선거까지 곳곳을 돌아다니며 연설을 거듭했다. 그는 고소고발에서 자유로운 면책특권을 얻고 싶어 나치당 의원후보로 나섰다. 바이스는 검찰에 괴벨스와 『공격』 편집진을 엄하게 다스려야 한다고 요구했다. 괴벨스는 묵비권으로 대응했다. 그리고 『공격』에서 바이스를 두고 '이지도르'란 모욕적 표현을 쓴 것은 특정 개인을 지칭한 게 아니라 유대인의 요직 독점을 비판하기 위해 도입한 포괄 개념이라며 항소했다.

의회 선거 결과는 비관적이었다. 나치당은 2.6퍼센트 득표율을 거두는 데 그쳤다. 베를린 득표율은 1.5퍼센트였다. 나치당에서는 불과 12명만이 제국의회에 들어가게 되었다. 당시 제국의회 의원 수는 500명이었다. 반면 사민당과 공산당은 큰 성과를 거두었다. 당내 정적 슈트라서는 선거의 패배를 괴벨스 탓으로 돌렸다. 괴벨스는 우울했지만 개인적으로는 나치당 의원으로 독일 제국회의에 입성할 수 있었다. 그는 의회 첫 연설에서 "의회의 신참으로서 이 민주주의 사기극에 처음으로 동참하게 될 때면 당연히 어지럼증을 느낄 수 있다"는 개념 없는 말로 항의를 받았다. 그는 나치즘을 재야 혁명운동으로 생각했기 때문에 제국의회를 통한 합법적 권력 장악에 회의적이었다.

이런 가운데 괴벨스는 세포 지도자 교육을 시작하는 한편 공장 세포 조직 건설을 위해 노동자 문제 사무국을 만들었다. 이는 노동자 세력을 확보하기 위함이었다. 나치는 "유대인들이 피를 흘려야만 우리가 해방된다"는 노래를 불렀고, 대중 집회를 이어갔다. 『공격』은 부수가 늘어 1928년 말 총 부수는 7,500부 수준이었다.

# 세계대공황,
# "정치적
# 파산자들을
# 때려잡자!"

———————————

제1차 세계대전 이후 세계경제를 이끌던 미국이 붕괴했다. 1929년 당시 미국의 상위 1퍼센트는 국부 60퍼센트를 점유하고 있었다. 소비가 생산을 쫓아가지 못했다. 생산이 줄어들자 고용도 감소했다. 공황 시작 당시 실업자 수는 300만 명이었으나 1933년 3월에는 전체 노동자의 25퍼센트인 1,300만 명이 실업자로 전락했다. 미국 자본에 의존하던 독일도 큰 고통을 겪었다. 독일 은행이 무너졌다. 독일 실업자 수는 1929년 여름 당시 80만 명이었

지만, 1930년 12월 300만 명으로 급증했다. 1932년 초에
는 전체 노동력의 35퍼센트인 600만 명이 실업자 신세로
전락했다. 거리에는 빈민이 넘쳤고, 노동자들은 파업을
반복했다. 의회민주주의는 혼란으로 가득했다.

　　채권국들은 독일의 배상금을 하향 조정했으나
곧바로 세계대공황이 일어나 독일의 지불 능력은 추락했
다. 나치는 독일 민족을 노예화하고 서양을 몰락시키려
는 국제 유대인의 가공할 음모가 이어지고 있다는 주장
을 반복했다. 베를린 주식시장을 유대인이 만들었고 독
일 대부분의 주식과 채권이 유대인 소유이며 독일 은행
또한 대부분 유대인 소유라며 세계대공황을 유대인 증오
로 이어갔다. 나치는 민족의 고난을 단순하게 설명하며
도움을 약속했다.

　　나치는 이 무렵 보수민족주의 세력인 독일국가
인민당과 황제 시절 국가관을 지닌 철모단과 연합하며
세를 불렸다. 괴벨스는 이런 반동세력과의 연합이 마음
에 들지 않았다. 그러나 나치는 민족주의 성향의 국민들
에게 넓은 지지를 받기 시작했다. 괴벨스는 베를린의 노

동자들을 포섭하는 데 공산당에 밀리고 있었다. 공산당원들은 사민당이 이끄는 프로이센 정부와 총격전을 벌이기도 했다. 괴벨스는 이 같은 충돌이 정부는 허약하고 공산주의자들은 위험하다는 사실을 드러낼 수 있고 바이마르 체제를 불안정하게 만들 수 있다고 여겼다.

　　수적으로 공산당은 나치당을 압도했지만 공산당은 자신들을 "볼셰비키 도적"이라 부르던 "하켄크로이츠 놈들"을 의식하기 시작했다. 양쪽은 폭력적인 습격과 보복을 반복했다. 시위 현장에서 현재의 위기를 "유대인과 볼셰비키의 전 지구적 페스트" 때문이라고 주장하던 괴벨스는 1929년 6월 22일 공산주의자들의 공격에서 간신히 벗어났다. 23세의 돌격대 소위 호르스트 베셀이 이 무렵 공산당원들의 총에 맞고 사망하자 괴벨스는 그를 순교자이자 영웅으로 미화했다. 그에게는 순교자가 필요했다. 베셀을 살해한 살인자들을 공격해야 한다는 증오를 확산시켰다. 〈호르스트 베셀의 노래〉는 훗날 제3제국 국가로 쓰였다.

　　경제적 위기 속에 중도 민주정당의 대연정은 무

너졌다. 나치 운동은 더욱 강성해졌다. 이 무렵 히틀러는 소련과의 동맹을 주장하던 당내 반자본주의 노선 세력 슈트라서 형제와 결별했다. 그리고 괴벨스를 제국선전책에 임명했다. 괴벨스는 히틀러의 합법적 노선 구상이 정당하다고 변호했다. 괴벨스는 슈트라서 형제와 유사한 관점을 갖고 있었지만 히틀러를 추종하는 길을 택했다. '자유와 빵'이란 구호를 내건 제국선전책은 그해 9월 총선을 앞두고 전단과 포스터 작성, 연설에 집중했다. 그는 이 무렵 5건의 명예훼손 재판 당사자였다.

그에게는 대통령 명예훼손 혐의도 있었다. 괴벨스는 파울 폰 힌덴부르크 대통령이 젊은 세대의 미래를 강탈했다고 주장했다. 괴벨스는 재판 과정에서 힌덴부르크 대통령을 독일 민족의 반역자라고 비판한 논설을 옹호하기도 했다. 검찰은 징역 9개월을 구형했다. 이때 괴벨스는 최후진술에서 "재판부에 유대인이 2명 포함되어 있기 때문에 유죄 판결을 받을 것으로 확신한다"고 주장했다. 그는 머리가 좋았다. 1심 재판부는 그에게 벌금 800마르크를 선고했다. 이 사건은 오히려 그를 유명하게 만들었다. 2심 재판에서 대통령은 "괴벨스 박사의 처벌을 원치 않는다"고 했고, 그는 무죄를 받았다.

괴벨스의 행동은 점점 과감해졌다. 그는 돌격대원이 탄 60대의 트럭 선두에서 베를린 시내를 휘젓고 다녔다. 당시 체제에 희망이 없다고 느꼈던 대중들은 "정치적 파산자들을 때려잡자!"는 히틀러의 연설에 주목했다. 총선 결과 의석수는 과거의 9배 수준인 107석으로 높아졌고 나치는 독일 제국의회 제2당이 되었다. 베를린에서 39만 5,000명이 나치에 투표했다. 2년 전 그 숫자는 3만 9,000명에 불과했다. 나치당은 베를린에서 공산당, 사민당에 이어 제3당이 되었다. 괴벨스는 유대인, 자본가, 볼셰비키를 정리하고 바이마르 체제를 청산하고자 했다. 그는 히틀러의 합법 노선을 단기 전술로 생각하고 있었다. 히틀러는 언론을 향해 나치당이 권력으로 향하는 길이 합법적일 것이라고 맹세하며 나치의 재평가에 영향을 주었다.

괴벨스에게 가장 강력한 선전무기는 독일의 고난이었다. 불안과 가난은 증오와 광신으로 변형되었다.

괴벨스의 행동은 점점 과감해졌다. 그는 유대인들을 "증권시장의 하이에나"라고 하며 독일 노동자의 희생으로 배를 불리고 있다고 주장했다. 1932년의 괴벨스.

괴벨스는 베를린에서 금속 노동자들이 파업에 돌입하자 나치당원들에게 참여를 지시했다. 그는 "증권시장의 하이에나"들이 독일 노동자의 희생으로 배를 불리고 있다고 주장했다. 이 하이에나는 유대인을 뜻했다. 그러나 이는 자본주의를 수호하고 독일의 볼셰비키화를 저지하겠다는 히틀러의 발언과 배치되는 것이었다. 이때마다 괴벨스는 비판의 대상을 히틀러 주변의 속물들로 돌렸다.

　　프로이센 검찰은 괴벨스의 명예훼손 소송을 면책특권이 정지된 시기에 진행하려 했지만 괴벨스는 여러 핑계를 들어 조사에 불참했다. 면책특권을 받기 직전에는 여기저기 숨어 있을 때도 있었다. 그는 정적들을 향해 "부르주아적 재판을 거부한다"고 말하고 다녔다. 명예훼손 소송은 그를 따라다녔다. 베를린 경찰청 부청장 바이스 명예훼손 혐의로 그는 1,500마르크 벌금형을 받았다. 나머지 8건의 형사소송 공판을 피해 다녔지만 결국 연행된 적도 있었다. 그는 문제의 원고를 익명의 필자가 썼고 자신은 실리기 전까지 몰랐다는 식으로 빠져나갔다.

　　그는 1930년 가을부터 『공격』을 매일 발간했다.

베를린 경찰청은 기회가 있을 때마다 이 신문을 정간시켰다. 괴벨스는 나치당 의원 107명의 사퇴를 주도하기도 했다. 국회법 개정에 따라 면책특권이 제한된 데 따른 것이었다. 괴벨스가 정부를 공격하는 일은 너무 쉬웠다. 그는 의회를 조직적인 위헌 집단이라고 주장하며 의회 스스로 "전쟁 배상금을 강제하는 국제 자본주의의 조직적 도구임을 증명했다"고 강조했다.

괴벨스와 발터 슈테네스가 이끌던 돌격대는 혁명을 원했으나 히틀러는 돌격대에 앞으로 어떠한 가두전투에도 참가하지 말라고 지시했다. 히틀러가 자본주의 강도 국가들에 기어가고 있다는 비판과 함께 나치를 떠나 공산당으로 옮기는 이들이 등장했다. 나치는 한때 분열로 무너지는 듯했다. 하지만 괴벨스는 동지적 관계였던 슈테네스를 배신자로 규정하고 히틀러의 합법 노선을 지지하며 살아남았다.

이 무렵 나치는 사민주의 프로이센을 무너뜨리기 위해 때때로 공산당과 연합하기도 했다. 하지만 양측의 공격은 계속되었다. 돌격대가 자주 모이던 술집이 습

격당해 몇몇이 사망했다. 괴벨스는 '소련이 조종하는' 공산당의 폭력 행위를 강조했다. 나치 전단을 나누어주던 15세 소년이 살해되자 괴벨스는 "어린아이를 죽인 붉은 살인자"라고 공산당을 비난했다. 그러자 사민주의 지도급 인사들마저 공산당보다는 나치에 동맹자 역할을 맡겼다. 이런 가운데 나치 지도부는 점점 부르주아화되었고, 돌격대는 괴벨스의 통제를 벗어나고 있었다. 당 지도부와 추종자들 사이의 괴리는 점점 커졌다.

# 공산주의자와
# 전쟁에 나서다,
# 그리고
# 독일을
# 거머쥐다

―――――――――

괴벨스는 1932년 3월 히틀러가 대통령 선거에 출마해야 한다고 주장했다. 그해 2월, 괴벨스는 체육궁전에서 열린 베를린 나치당 당원 총회에서 '총통 각하'가 대선에 출마한다고 밝혔다. 괴벨스는 히틀러의 경쟁 후보인 힌덴부르크 대통령을 공격했다. 제1차 세계대전 당시 힌덴부르크는 육군 원수였고, 히틀러는 상병이었다.

괴벨스는 돌격대의 북소리, 군사 행진과 깃발 입장 행사 등 연출을 통해 히틀러의 연설을 극대화했다. 비행기를 타고 다니며 당시만 해도 유례없는 항공 유세를 펼쳤고, '상공 위의 히틀러'라는 슬로건을 통해 구원자 이미지를 강조했다. 포스터를 적극 활용해 1932년 말까지 50만 장의 포스터가 거리에 뿌려졌다. 괴벨스는 축음기용 음반 5만 장을 제작해 편지에 넣어 발송하기도 했다. 10분 분량의 유성 영화도 준비해 대도시 광장이나 영화관에서 상영할 수 있게끔 했다. 그는 영화를 통해 히틀러가 언제 어디에서나 활동하고 있다는 이미지를 주고자 했다. 『공격』에서는 히틀러를 '대독일인', '총통', '예언자' 등으로 명명했다. 오늘날과 비교해도 손색없는 현대적인 선거 선전이었다.

괴벨스는 히틀러가 건설노동자였다는 사실과 과거 전방에서 싸운 군인이었다는 점을 강조했다. 그리고 그가 민족의 고난을 온몸으로 경험했다고 강조했다. 선거 결과 사민당의 지지를 받은 힌덴부르크는 49.6퍼센트, 히틀러는 30.1퍼센트를 득표했다. 괴벨스는 결선투표에서 부르주아들을 공략했으나 실패했다. 이후 돌격대는 법적으로 금지되었다. 그러나 이어진 주 의회 선거에서 나치당은 프로이센에서 36.3퍼센트를 얻어 제1당으로 약진했다. 나치는 힌덴부르크 대통령과 함께 연합해 브뤼닝 정부를 몰아냈다. 그해 나치는 라디오 전파를 이용할 수 있게 되었다.

1932년 7월 18일, 괴벨스는 처음으로 제국방송 연설에 나섰다. 비슷한 시기 돌격대와 친위대 금지 조치도 해제되었다. 그 결과는 폭력 사태와 살인 테러였다. 프로이센은 옥외 시위 금지로 대응했으나 역부족이었다. 바이스 부청장은 괴벨스를 17번 고소했지만 끝내 그에게 법적 제재를 하는 데 실패했다. 괴벨스는 '프로이센에서 사라져야 할 블랙리스트'를 작성했다. 그해 9월 그는 나치주의자들이 부르주아 신문을 사는 행위를 금지한다는 명령을 내렸다.

"나치 내각은 일당독재로 귀결될 것"이라는 대통령 힌덴부르크의 우려와 함께 히틀러의 쿠데타가 임박했다는 소문이 베를린에서 퍼져나갔다. 히틀러는 돌격대장들에게 무장 공격이 성공할 수 없다고 설득했다. 괴벨스는 당시 프란츠 폰 파펜 내각을 파괴해 대통령 체제를 쓸

1932년 괴벨스는 히틀러가 대통령 선거에
출마하자, 돌격대의 북소리, 군사 행진과
깃발 입장 행사 등 연출을 통해 히틀러의
연설을 극대화했다. 1934년의 괴벨스.

어버리려 했다. 하지만 부르주아 언론들은 괴벨스가 당을 볼세비즘으로 끌어가려고 히틀러 모르게 베를린 교통회사 파업을 터뜨렸다고 보도하며 괴벨스를 곤혹스럽게 했다. 당시 부르주아는 나치의 파업에 우려를 표했다. 이는 나치 운동 내 갈등을 심화시킬 수 있는 사안이었다. 이 사건 이후 나치의 지지율은 하락했고 기부금 수입은 줄었다. 공산당은 31.3퍼센트로 베를린 제1당이 되었다. 『포시셰차이퉁』은 모금함을 든 돌격대원들이 거지보다 많다며 조롱했다.

　　　그러나 나치에 기회가 찾아왔다. 전임 총리 파펜과 갈등관계였던 쿠르트 폰 슐라이허 총리가 제국의회를 해산하려 하자 힌덴부르크가 이를 거부하고, 슐라이허가 내각 총사퇴를 주장하며 우익 간의 정치적 긴장이 고조되었다. 결국 86세의 힌덴부르크는 파펜의 제안에 따라 '오스트리아 상병'을 1933년 1월 30일 제국총리로 임명했다. 이 과정에서 히틀러가 힌덴부르크의 약점을 갖고 있다는 추측도 있었다. 괴벨스에게 당시 사건은 기적이었다. 그는 제국방송사를 통해 대대적 홍보에 나섰다.

"우리는 유산계급인지 무산계급인지, 가톨릭 신자인지 개신교 신자인지 더 묻지 않는다. 우리는 오로지 당신은 누구인가, 당신은 어디에 속하는가, 당신의 나라를 신봉하는가 물을 뿐이다."

괴벨스는 공산주의자들과의 전쟁을 준비했다. 그해 1월, 괴벨스는 나치 돌격대, 나치 친위대, 철모단이 참가하는 대규모 시위를 연출하며 공산주의자들의 폭력을 도발했다. 내무장관 헤르만 괴링은 2월 프로이센 전역에서 공산당 관련 조직의 시위를 금지하라고 지시했으며 중앙당사 수색이 이루어졌다. 괴벨스는 '전쟁에서 패배한 자', '마르크스주의자와 예수회 교도의 도구'라고 공격했던 힌덴부르크를 '영웅적 인물', '백전백승의 독일군 원수'로 치켜세웠다.

여기서 잠시 돌격대와 친위대를 알아보자. 돌격대는 1921년 조직된 나치의 준군사조직이었다. 헤르만 괴링이 이끌던 돌격대는 1923년 히틀러의 뮌헨 폭동에 참가한 후 나치당과 함께 금지되었다. 1925년 나치당 재건 이후 당에 편입되었고, 1933년에는 40만 명, 1934년에는 400만 명의 대중조직으로 성장했다. 돌격대는 테러와 행진, 집회 등 거리를 지배해 나치의 정치선동을 지원했다. 히틀러는 1930년 스스로 최고 돌격대장이 되었다.

친위대는 1925년 히틀러 개인 호위대로 창설되었다. 그러나 1934년 돌격대 지도부 숙청 이후 돌격대를 대신하는 당 군사조직으로 떠올랐고, 정규군을 위협할 정도로 성장했다. 친위대는 경찰과 조직적으로 융합했다. 하부 조직 중에는 인종국(인종적으로 훌륭한 엘리트 양성), 게슈타포(비밀국가경찰), 해골대(수용소 관리) 등이 있었다. 1945년까지 대원 90만 명을 거느렸다.

'게슈타포'를 신설한 내무장관 괴링이 공산당이 유혈혁명을 준비하고 있다고 겁을 주던 2월 27일 제국의 사당에 화재가 발생했다. 이 방화가 나치의 소행이었다면 괴링의 지시였을 가능성이 높다. 괴링은 이 사건을 "독일에서 볼셰비즘이 저지른 가장 극악한 테러 행위"로 포장했다. 괴벨스는 『공격』 사설에서 "이 세계의 붉은 역병에 대해, 국민의 이름으로 신의 재판이 시작될 것이다! 히틀러는 행동할 것이다! 그에게 권한을 부여하라!"고 주장했다.

　　나치가 장악한 프로이센 정부는 이 사건을 통해 공산당을 비롯한 정치조직 활동을 금지하고 다수의 좌파 지식인을 체포했으며 사민당 당사와 출판사 등을 점거했다. 긴급조치가 이루어지고 국민의 기본권이 정지되었다. 사형 적용 범위도 확대되었다. 전권위임법도 통과되었다. 수천 명의 공산주의자와 사민주의자가 체포되고, 잔인한 보복이 이루어졌다. 훗날 괴벨스는 재판에 증인으로 출석해 공산주의자들이 방화의 유일한 수혜자라고 주장했다.

　　괴벨스는 3월 5일 제국의회 선거 전날, 히틀러의 연설 장소로 과거 프로이센의 대관식이 열리던 쾨니히스베르크를 택했다. 히틀러가 마지막 구절을 내뱉던 무렵에는 대성당의 종소리가 울려 퍼졌다. 괴벨스는 "사람들이 시대의 위대한 전환을 깨닫고 있다. 수십만 명이 히틀러의 뒤를 따르며 그의 정신 속에서 민족의 부활을 위해 싸우겠다는 최후의 결의를 다지고 있다"며 당시 상황에 도취되었다. 나치는 43.9퍼센트를 득표했다. "우리는 제

국과 프로이센의 지배자다." 괴벨스는 훗날 이렇게 적었
다. "민주주의가 원수에게 자신을 섬멸할 무기를 스스로
쥐어준다는 사실은, 언제나 민주주의가 가진 최고의 난
센스다."

# 선전장관의
# 임무,
# 미디어를
# 장악하라

_____

괴벨스는 1933년 3월 16일 36세의 나이에 제국국민계몽
선전장관으로 임명된다. 10년 전 비전 없던 문학박사의
벼락 출세였다. 선전부는 히틀러가 괴벨스를 위해 신설
한 부서였다. 괴벨스는 취임 기자회견에서 "(국민들은) 일
치단결해 사고하고, 정부에 적극 동조하고 복무해야 한
다"고 밝혔다. 괴벨스에게 선전은 정치적 예술이었고, 선
전가는 흔들리는 국민의 영혼을 여러 측면에서 이해하는
예술가였다. 선전장관은 선전부와 선전부 산하 기관을

나치당원들로 채웠다. 괴벨스 인사 몫으로 할당된 350명의 공무원 중 거의 100여 명이 황금 당원 배지를 갖고 있었다. 훗날 선전부 직원은 2,000여 명으로 늘어났다.

선전부는 방송 · 영화 · 음악 · 미술 · 연극 · 문화 · 언론 분야로 나뉘었다. 괴벨스는 "언론은 정부의 손 안에 있는 피아노가 되어 정부가 연주해야 한다"고 주장했다. 그는 언론을 프랑스혁명의 자유주의적이고 계몽적인 정신의 산물이자 도구로 파악했다. 당장 언론 통제에 나섰다. 선전부는 우선 뉴스통신사를 통폐합했다. 볼프, 텔레그라펜우니온, 콘티넨탈 텔레그라펜 콤파니를 독일 통신사DNB로 통합했다. 독일통신사는 국가 독점회사가 되었다. 통폐합 이후 나치 선동가 출신의 알프레트 잉게마르 베른트가 편집국장직을 맡았다.

선전부는 '편집인 법률'을 통해 신문과 잡지의 발행인이 지던 책임을 편집인도 지도록 했다. 이에 따라 편집인도 국가의 간섭을 받게 되었다. 괴벨스의 마음에 안 들면 직업 명단에서 삭제되거나 수용소로 인계될 수 있었다. 편집인 법률에 따르면 언론계에서 활동하기 위해 선전부 문화원 산하 언론원의 직업 명단에 꼭 있어야 했다. 모든 신문 기자는 정부가 발급하는 일종의 자격증을 받아야 했다. 자격증을 잃어버리지 않기 위해 기자들은 영혼을 팔아야 했다.

『전진』과 『적기』 등 좌파 언론이 폐간되었다. 10년 전 괴벨스가 지원했다 떨어진 신문사 『모세』가 그해 7월 문을 닫게 되었을 때 괴벨스는 "유대인과 자유주의의 아성이 무너졌다"며 좋아했다. 나치는 자유주의적 성향으로 해외에도 독자가 많은 『프랑크푸르터 차이퉁』을 '언론자유' 알리바이로 이용하고자 1943년 8월까지 허용했다. 선전부 수석차관이 관장하던 국내신문국은 신문을 통제하고 특별한 주제와 관련해 논설 길이와 지면 위치까지 지정했다.

금지, 재정 압력, 편집진 정화라는 언론 장악 기조 외에 괴벨스는 제국정부 언론심의회를 적극 활용했다. 그는 중요한 사건이 있을 때 회의에 참석했다. 선전부 언론국은 매일 정오회의의 참석자를 선정해 그들에게 공식적으로 지시와 지령을 내리는 식으로 언론을 통제했다.

괴벨스는 당시 최첨단 신생매체였던 라디오를 두고
"본질상 권위주의적"으로 보았고, 대중 선동의 가장
중요한 도구로 받아들였다. 1934년의 괴벨스.

이 회의는 '방향 설정'으로 불렸다. 1933년에서 1945년 사이 지시 사항은 총 7만 5,000여 건으로 알려졌다.

괴벨스는 특히 라디오에 주목했다. 라디오 분야에서 그는 단독지배권을 행사했다. 당시 최첨단 신생매체였던 라디오를 두고 괴벨스는 "본질상 권위주의적"으로 보았고, 대중 선동의 가장 중요한 도구로 받아들였다. 텔레비전도 없고, 문맹률이 높던 시절, 오직 라디오만이 전 국민을 완벽하게 장악할 수 있도록 해주었다. 괴벨스는 전 국민이 라디오를 쉽게 듣게끔 방송국 네트워크를 확장하고, 길거리와 광장에 스피커 기둥을 설치했으며, 저렴한 수신 장비 생산을 추진했다.

'국민 수신기'라 불리며 76마르크에 판매된 라디오를 두고 훗날 세상은 '괴벨스의 입'이라 불렀다. 국민 수신기는 제조업체에 보조금을 지급해 1933년 이래로 7년간 700만 대를 보급했다. 국민 수신기는 유럽에서 가장 값싼 라디오였는데, 정부 보조금 덕에 노동자들이 가질 수 있었다. 제2차 세계대전 무렵 독일 가정의 70퍼센트 이상이 국민 수신기를 갖고 있었는데, 이는 세계 최고의 보급률이었다. 반면 국민 수신기는 청취 범위를 제한해 외국 방송을 들을 수 없었다.

그는 라디오방송협회 국장급 간부들을 불러 말했다. "자신이 선전 이념에 흠뻑 빠져 있어도 그 사실을 전혀 눈치 채지 못하게 사람을 사로잡는 것, 이것이 선전의 비결이다. 물론 선전에는 의도하는 바가 있다. 하지만 의도하는 바가 아주 교묘하게 위장되어 있어 선전 대상이 되는 사람들이 이를 전혀 눈치 채지 못하게 된다." 그는 "여러분은 대중에게 영향력을 행사하는 도구 가운데 가장 현대적인 것을 쥐고 있다"며 "이 도구를 통해 여러분은 대중의 창조자가 될 것"이라고 말하기도 했다.

제국방송사 인사권과 프로그램 편성권 등 모든 권한을 갖게 된 젊은 선전장관은 방송국 사장들을 베를린 방송회관으로 소집했다. 그리고 협박했다. "방송은 다른 누구도 아닌, 바로 우리에게 속한다. 우리는 방송이 우리의 이념에 복무하도록 할 것이다. 방송에서는 그 어떤 다른 이념에 대해서도 발언해선 안 된다." 그는 연설을 마치며 방송국에 '최후의 마르크스주의 잔당들'을 제거하라고 지시했다. 제국방송국 소속이 된 지역방송 사장들과 수많은 간부가 희생되었다. 괴벨스 취임 몇 주 뒤 제국방송사는 구조조정을 통해 방송사 고위 간부 98명과 중간 간부 38명을 퇴출시켰다. 그 자리는 나치주의자들이 차지했다.

출판도 장악했다. 나치가 만든 에어출판사 사장이었던 막스 아만은 1939년까지 약 1,500여 개의 신문사를 인수하고 2,000곳 이상의 신문을 발행했다. 1945년까지 나치는 독일 출판사의 80퍼센트 이상을 합병했다. 막스 아만은 훗날 제국문화원 언론부장을 맡기도 했다.

나치가 장악한 독일의 미디어는 선전선동으로 넘쳐나기 시작했다. 나치 간부들의 연설이 최우선으로 방송되었다. 선전용 뉴스 영화 〈주간뉴스〉가 등장했다. 영화 관람객들은 영화 상영 전에 반드시 뉴스를 봐야 했다. 독일을 상징하는 독수리가 나타나고 나치의 애국가인 〈호르스트 베셀의 노래〉가 등장했다. 독일 정신에 위배된다는 이유로 마르크스와 프로이트 등 131명의 서적 2만 권은 불에 탔다. 괴벨스는 『공격』에서 오직 "수용소로 가는 것을 겁내지 않는" 자들만 우리를 비판할 수 있다고 공언했다. 다수의 라디오 방송국 사장들을 강제수용소로 보낸 뒤였다.

# 20세기
# 독재자들의
# 멘토,
# 괴벨스의
# 선전 원리

---

이쯤에서 괴벨스의 선전 원리를 짚고 넘어가는 게 좋겠다. 괴벨스 선전의 주요 개념은 '단순화' · '집중공격' · '확대'로 요약할 수 있다. 괴벨스에게 참과 거짓은 중요하지 않다. 그보다는 의미 부여가 중요했다. 괴벨스는 고정관념을 사용하고 입맛에 맞는 정보를 선택하고 제목을 과장하고 편견이 담긴 사진을 내보내며 특정 주제를 반복했으며, 상대에게 불리한 부정적 측면을 확대하며 프레임을 구성했다. 괴벨스는 대중의 잠재의식 속에 있는

인종적 편견이나 증오 또는 공포심을 극대화해 선전에 활용했다. 예컨대 나치는 볼셰비키 혁명에 대한 공포감에 편승해 여론의 지지를 얻었다. 괴벨스는 대중의 생각을 바꾸기보다 그들의 태도에 동조하는 식으로 효과를 얻으려 했다.

대중 집회에서는 단계적으로 분위기를 고조시키는 체계를 구축했다. 예컨대 나치당 집회는 30분 전 대의원들이 입장해 자리를 잡을 때마다 박수와 경례가 등장했다. 시간차를 두고 당 간부들이 입장하면 또 다시 박수와 경례가 이어졌다. 잠시 침묵을 두고 등장인물에 대한 기대가 강화된 후 괴벨스와 괴링 등 나치 수뇌부가 도착하고 가장 마지막에 히틀러가 나타났다. 괴벨스는 히틀러가 연설하기 전 등장해 현장보고란 형식의 연설로 분위기를 고조시켰다. 히틀러를 늘 마지막에 연단에 올렸다. 단 하나의 탐조등이 히틀러를 강렬하게 비추게끔 연출하기도 했다. 하켄크로이츠와 나치 제복, 웅장한 음악은 총통의 권위를 강화하는 도구였다. 제복은 영웅적 분위기를 과시하고 음악은 감정을 고조시켰다. 〈호르스트 베셀의 노래〉는 나치를 결속시키는 최고의 마무리였다.

다니엘 다얀 · 엘리후 캐츠의 『미디어 이벤트』에 따르면, 노조나 의회에서 버림받은 개인은 국가와 강력한 지도자에 의지해 개인적 · 경제적 · 민족적으로 상실한 명예심을 되찾고자 한다고 한다. 제복을 입은 수만 명의 사람이 체육관에 질서정연하게 도열한 채 지도자에게 경례하고 명령을 기다리는 매혹적인 대중 집회는 지도자와 대중을 묶어줌으로써 의회 민주주의를 대신하는 역할을 한다. 괴벨스는 이 점을 알고 효과적으로 이용했던 것으로 보인다. 나치 선전의 주제는 인종의 위대함, 유대인과 볼셰비키 증오, 히틀러 신화로 요약할 수 있다. 나치는 실업 감소와 대외정책의 성과를 반복적으로 홍보했다. 독일인은 히틀러가 고속도로 아우토반을 건설하며 경제를 부흥시켰다고 인정했다.

나치는 '민족' 또는 '국민'으로 번역되는 'Volks' 가 앞에 붙은 국민 수신기와 국민차를 내놓았고 교육기관에서는 유대인과 슬라브인을 증오하고 아리아인종의 우월성을 강조하는 식으로 돌을 깎는 석공처럼 국민의 생각을 서서히 깎아냈다. 독일 민족은 유럽을 지배할 사명을 부여받았다고 수없이 강조했다. 어려서부터 이렇게 가르치면 답이 없다. 나치는 1935년 인종차별법, 일명 '뉘른베르크법'을 통과시키며 인종주의를 체제의 핵심 선전 주제로 삼았고, 히틀러 신화에는 니체가 주장한 '초인' 개념이 사용되었다.

1930년대 독일에는 여론조사가 없었다. 그래서 괴벨스는 모든 관료에게 국민의 분위기를 정기적으로 살피는 일이 중요하다고 강조했다. 일종의 정기 여론조사를 주문한 것이다. 이에 따라 게슈타포를 비롯해 정당의 지부와 지방 행정당국은 국민의 분위기와 사기를 파악하는 업무를 했다. 게슈타포의 특수 부서였던 보안대는 1939년쯤 약 3,000명의 고정 기관원과 5만 여 명의 첩보원을 보유한 상황에서 사찰을 통한 정보보고에 나섰던 것으로 전해졌다. 괴벨스 또한 선전부 42개의 선전지국 정보보고를 통해 여론을 살폈다. 결국 괴벨스의 선전은 정보가 있기에 효과를 거둘 수 있었다.

괴벨스의 선전에도 체계가 있을까? 해외에서는

괴벨스의 선전 메커니즘을 체계화하려는 작업이 있었다. 이 가운데 그의 일기를 토대로 추출했다는 괴벨스의 선전 원리가 있다. 주요한 대목을 소개하면 다음과 같다.

"선전가는 여론과 사건에 관한 첩보에 접근해야 한다."

"선전은 반드시 하나의 권위에 의해 계획되고 집행되어야 한다."

"선전 활동의 결과는 계획 당시의 관점에서 살펴야 한다."

"선전은 적의 정책이나 활동에 영향을 주어야 한다."

"선전은 청취자의 흥미를 유발해야 하며 주의를 끄는 커뮤니케이션 수단을 통해 전파되어야 한다."

"적 선전에서 얻은 자료는 우리 측 선전에 사용할 수 있다."

"흑색선전(허위 주장)은 백색선전(공식 보도)에 좋지 않은 결과가 예상될 때만 사용한다."

"선전은 뚜렷한 문구나 표어로 어떤 사건이나 인

괴벨스 선전의 주요 개념은 '단순화'·
'집중공격'·'확대'로 요약할 수 있는
데, 그는 참과 거짓보다 의미 부여가 중
요하다고 말했다. 1934년의 괴벨스.

물에 특징을 부여해야 한다."

"국내 선전은 미래의 어떤 사건에 부딪히게 되면 폭발할 수 있는 허황된 희망을 예방해야 한다."

"국내 선전은 적정한 불안을 만드는 선에서 실시되어야 한다."

"국내 선전에 좌절을 주는 메시지는 제거되어야 한다."

"선전은 적개심을 불러일으키는 특별한 대상을 공격 매개물로 삼아 촉진되어야 한다."

괴벨스가 선전을 체계화하는 데 도움이 되었을 만한 이들은 동시대를 살았던 월터 리프먼과 에드워드 버네이스다. 1889년생의 저널리스트 월터 리프먼은『여론』에서 민주주의의 기본 전제를 흔들었다. 민주주의는 국민이 중요한 문제를 이해하고 합리적으로 판단할 수 있다는 전제에서 출발하지만, 이 가정이 신화에 가깝다는 게 리프먼의 주장이다. 그는 민주주의가 숭상하는 여론의 실제란 이미지의 결합, 표피적인 인상, 스테레오타입, 편견, 이기심의 반영일 뿐이라고 주장했다. 리프먼은

"우리는 먼저 보고 나서 정의를 내리는 게 아니라 정의를 내린 뒤 본다"고 지적했으며 "진실과 뉴스는 동일하지 않다"고 했다. 그에 따르면 언론은 어둠 속에서 꺼내 빛을 밝히는 서치라이트와 같은데, 이 빛만으로는 세상을 다 알 수 없다는 것이다.

1891년생으로 제1차 세계대전 당시 미국 연방공보위원회에서 독일에 맞선 선전 전략가로 활약했던 에드워드 버네이스는 실제로 괴벨스가 참고했다고 전해지는 『프로파간다』에서 "읽고 쓰는 능력의 보편화는 대중에게 사고를 가져다주지 않았으며 오히려 대중을 거수기로 만들어버렸다"고 평가한 뒤 "시민들이 똑같은 거수기가 되는 상황에서 똑같은 자극에 노출되면 똑같은 인상을 받게 된다"고 주장했다. 그는 "군주제든, 입헌제든, 민주제든, 공산제든 정부의 성패는 여론의 지지 여부에 달려 있다"고 강조하며 괴벨스에게 강한 '동기부여'를 주었을 것으로 추정된다.

버네이스에 따르면 미디어의 발달에 따라 권력을 가진 소수는 대중의 생각을 조종함으로써 대중이 보통선거제로 새롭게 얻은 힘을 원하는 방향으로 유도할 수 있게 되었다는 것이다. 버네이스가 "선전은 보이지 않는 정부의 실행 부대"라고 평가한 이유다. 버네이스는 또한 "진리의 확산은 조직화된 노력을 통해 이뤄질 수 있으며 사람들은 언론과 연단을 최선의 수단으로 활용할 수밖에 없다"고 내다보았다. 그는 "여론을 조직하고 이끄는 것은 질서정연한 삶에 반드시 필요하다"고 강조했으며 "라디오는 선전가의 매우 중요한 도구"라고 예견했다. 괴벨스는 독일을 무너뜨렸던 '선전가' 선배들에게서 많은 영감을 얻었을 것으로 보인다.

총통을
'하늘 위에 있는 지도자'로,
"진정한 위협은
볼셰비즘과 유대인이다"

괴벨스는 축제와 행진으로 대중을 열광시키고자 했다. 1933년 9월 초 뉘른베르크에서는 '승리의 제국전당대회'가 열렸다. 수십만 명이 모여들었다. 모든 미디어를 이곳에 집중시켰다. 레니 리펜슈탈에게는 단편 영화 〈믿음의 승리〉(1933) 연출을 맡겼다. 레니 리펜슈탈은 훗날 〈의지의 승리〉(1935) 연출도 맡았다. 괴벨스가 제작에 참여한 〈의지의 승리〉는 러닝타임 110분으로 세계 최초의 프로파간다 영화로 꼽힌다. 일찍이 에드워드 버네이스는

"영화 산업은 전 세계를 통틀어 가장 규모가 큰 선전 배급책이다. 의식하지 못하는 사이에 생각과 견해를 확산하는 데 영화만큼 효과가 높은 도구는 없다. 영화는 한 나라의 견해와 습관을 표준화할 수 있다"고 지적한 바 있는데, 괴벨스는 버네이스의 충실한 제자였다.

잠시 이 영화의 플롯을 따라가 보자. 첫 장면에서는 구름 위를 유유히 날고 있는 비행기가 등장한다. '하늘 위에 있는 지도자' 히틀러가 뉘른베르크에 도착한다. 하늘에서 내려온 지도자에 대한 환영 인파로 가득한 카 퍼레이드를 보여준다. 의도적으로 어린아이들의 웃음과 히틀러를 동경하는 눈빛을 반복해서 내보낸다. 1934년 나치전당대회 개회식. 영화에서는 군인들의 즐거운 일상, 농부의 행진, 노동자의 도열, 소년단의 열정이 차례로 등장한다. 특히 나치 돌격대, 나치 친위대 등 준군사조직이 비중 있게 등장한다. 영화에 등장하는 의용근로봉사단 대원들은 독일 각지에서 모여들었다. 이들은 모두 "독일을 위하여" 존재한다. 전반부 영상은 국가·민족·공동체·열광·평화·규율·질서를 반복적으로 강조한다.

시종일관 히틀러는 여유 있는 얼굴로 등장하고 카메라 앵글은 히틀러를 중심으로 회전하며 프레임은 대부분 아래에서 위로 히틀러를 우러러보는 '프로그 퍼스펙티브(개구리의 시선)'다. 이 영화에서 히틀러를 위에서 아래로 내려보는 앵글은 등장하지 않는다. 당원들이 끝없이 도열한 가운데 히틀러가 등장하는 모습은 영화 〈스타워즈〉에서 다스베이더의 등장 장면을 떠올리게 한다.

돌격대의 끝없는 행진과 셀 수 없는 나치당원의 단결된 모습은 나치의 위력을 극도로 포장한다. 레니 리펜슈탈은 당원들이 웃고 열광하는 모습을 집중적으로 보여주며 일종의 유토피아를 떠올리게 한다. 뉘른베르크 제국전당대회에서 히틀러와 나치는 제1차 세계대전 항복 이후 천문학적인 전쟁 배상금과 함께 위축되었던 민족의식과 대공황에 따른 자본주의 경제체제의 파괴로 희망을 잃어버린 대중에게 희망을 주는 대체재로 그려진다.

괴벨스는 말한다. "우리 안에서 활활 타오르는 열의가 절대로 식지 않기를 기원합니다. 그것만이 현대 정치 선전에 있어 빛과 은유를 줄 수 있습니다. 이것은 민족의 깊이에서 나옵니다. 민족의 깊이에서 나오는……이 위대한 힘은 언제나 우리의 뿌리를 찾게 해줄 것입니다." 그리고 히틀러는 등장하면서 외친다. "독일을 위해 무엇이든 감당할 수 있기를 바란다. 우리는 하나가 되기를 원한다. 우리는 계급과 지위 없는 사회를 원한다. 우리는 하나의 제국을 원한다!"

그리고 전당대회 폐막식. 히틀러가 말한다. "우리의 꿈이 확고해졌기 때문에 독일 국민들은 행복하다!……이제 미래는 바로 우리들 손에 달려 있음에 기뻐할 수 있다!……우리의 국가! 독일제국! 국가사회당이여 영원하라! 독일이여 영원하라!"

선전은 효과를 거두기 시작했다. 노동자 계급의 상당수가 자신들의 정당과 노조에 등을 돌리기 시작했다. 괴벨스는 언론 장악에 이어 정치 관련 대학 교육, 국가 경축행사, 도서관, 미술, 음악, 연극, 영화 부문을 장악했다. 상업 광고와 전시 분야도 괴벨스에게 넘어갔다. 제국정부 공보실 역시 선전부에 포함되었다. 그는 베를린 국민극장, 독일 오페라하우스 등 제국 극장까지 지배하게 되었다.

언론은 고속도로 공사 같은 고용 창출이나 겨울철 빈민구제 같은 장면을 집중 보도하도록 했다. 방송은 히틀러의 첫 삽 뜨기나 선전장관의 개회사를 상세하게 보도해야만 했다. 미디어는 나치가 주도하는 사회에 역동성과 공동체성을 불어넣으며 '새로운 시작', '성장'과 같은 이미지를 주입시켰다. 나치는 줄곧 실업문제 해결, 농업 보조금, 법질서, 무엇보다 평화를 약속했다.

나치가 승승장구할 무렵, 외교 관계를 감안해 괴벨스의 '유대인 청소'는 강도를 낮추어야 했다. 그는 '재무장'의 시기를 벌기 위해 1933년부터 1936년까지 외교 선전에서 '우리는 호전적인 독일이 아니다'라는 프레임을 강조했다. 또 1933년 9월 스위스 제네바에서 열린 국제연맹회의 특사로 간 자리에서 마음속으로는 상대국을 경멸하면서도 세련된 외교관의 말투를 따라했다.

그는 '나치주의자들의 팽창 욕구'에 대한 우려를 가라앉히고자 했다. 독일이 팽창 정책을 준비하고 있다는 주장을 황당하다며 반박했고, 독일 정부는 평화라는

괴벨스는 '재무장'의 시기를 벌기 위
해 1933년부터 1936년까지 외교 선전
에서 '우리는 호전적인 독일이 아니
다'라는 프레임을 강조했다. 1933년의
괴벨스(가운데).

가치에 맞게 모든 재건 사업을 진행하고 있다고 강조했다. 이어 독일이 전쟁 의지를 품고 있다고 추정하는 것은 불공정하다고 주장했다. 그러면서 괴벨스는 '진정한 위협은 볼셰비즘'이라며 유럽 국가들의 시선을 소련으로 향하게 했다.

그해 10월 국제연맹과 군축회담에서 탈퇴할 당시에도 괴벨스는 외교 연설을 통해 "우리가 국제연맹과 군축회담에서 탈퇴한 것은 전쟁을 준비하기 위함이 아니다. 히틀러는 라디오 연설에서 오로지 미치광이만이 전쟁을 원할 것이라고 밝힌 적이 있다"고 주장했다. 히틀러는 국제연맹 탈퇴 결정에 대한 신임 여부를 묻는 국민투표를 제국의회 재선거와 연계했고, 결과는 히틀러의 뜻대로였다. 이들은 베르사유조약에 대한 국민들의 적개심을 이용했고, 의회는 나치당 의원들로만 구성되었다.

선전장관이면서 제국문화원장이었던 괴벨스는 "건전한 민족의 감성"에 의해 위대한 독일이 깨어날 수 있다며 유대인 예술가들을 쫓아냈다. 베를린 국립오페라극장 지휘자 오토 클렘페러가 인종적 이유로 해고되었다. 쫓겨나지 않은 사람들은 제국문화원에 강제 입회했다. 문학을 하려면 제국문화원이 관리하는 저술가협회에 가입해야 했다. 제국문화원은 검열기관이었다. 회원 자격을 박탈당하는 건 곧 실업을 의미했다. 제국문화원은 언론부·라디오부·영화부·저술부·연극부·음악부·조형예술부로 나뉘어 선전부의 기획과 통제에 따라 운영되었다. 괴벨스는 제국문화원의 목적이 "오직 독일 예술과 문화의 좋은 후원자이고자 할 뿐"이라며 국민들의 불안을 잠재우려 했다.

그는 저명한 예술가들을 포섭하고자 노력했다. 그중에서도 유명한 배우들과 친해지고자 했다. 그는 배우들을 관리했다. 특히 높게 평가하는 배우들의 명단을 작성했다. 일종의 '화이트리스트'였는데, 대부분 괴벨스 자신과 히틀러가 좋아하는 배우들이었다. 괴벨스의 성적 욕구에 순종하는 신인 여배우들은 출세할 수 있었다. 배우, 감독, 제작자들도 괴벨스에게 종속되었다. 선전부 영화국은 영화산업의 제작 계획을 감시했다. 괴벨스는 훗날 자신이 배역과 기획을 결정하기도 했다.

그는 매일 밤 영화 시나리오를 읽었다. 1935년 10월부터는 영화의 상영 금지 조치를 결정할 수 있었다. 그의 손을 통과한 뒤에야 영화신용은행이 지원금을 결정할 수 있었다. 괴벨스는 영화 촬영 현장을 방문해 검열하고 평점도 내렸다. 평점이 좋을수록 세금 감면을 받을 수 있었다. 그는 면세 대상 특별 상여금을 영화 예술가들에게 지급하고, 국가배우와 같은 칭호를 부여했다. 목적은 유명 연예인들이 나치에 순종하고 부역하게끔 하는 것이었다. 나치는 1937년 독일 전역에 12만 개 좌석을 갖추고 120개 이상의 영화관을 소유하고 있던 우니베르줌영화사를 사들였다. 괴벨스는 재무장관에게 재원을 확보해 영화산업을 사실상 국유화한 뒤 조직적으로 유대인 배우의 출연을 금지시켰다.

나치가 유익하다고 판단하는 영화는 영화등급표시제로 상을 주었다. 영화 제작자는 괴벨스가 임명한 총감에게 대본을 제출해야 했다. 영화를 통한 선전은 오락과 선전을 혼합시키려는 의도였다. 괴벨스는 선전이 은근할 때와 메시지가 대중적인 오락물에 숨겨져 있을 때 가장 효과적이라고 생각했다. 나치 슬로건보다 중요한 콘텐츠는 나치 분위기를 은근히 반영하는 오락영화였다.

한편 괴벨스는 1934년 5월 라디오 연설을 통해 나치에 저항하는 파펜 등 한때 같은 편이었던 보수주의 부르주아들을 '비방가'와 '혹평가'로 공격했다. 예컨대 "1918년 지도자로서 자격 미달이 증명된 자들이 이제 우리에게 엉겨 붙어 자신들이 지도자 역할을 해줄 용의가 있다고 말하고 있다"는 식이었다. 괴벨스는 또한 나치 이전의 정부 책임자를 거론하며 이들이 현 실업 사태의 책임자들이며 감옥에 쳐넣는 편이 더 나았을 것이라며 증오의 시선을 돌리는 데 집중했다.

이런 가운데 히틀러는 돌격대 대장 에른스트 룀을 제거하기로 했다. 돌격대 또한 나치 집권 이후 더 많은 '대우'를 요구하고 있었기 때문이다. 히틀러는 룀을 제거하며 비합법적인 혁명의 가능성을 막고, 보수주의 부르주아들을 품을 수 있었다. 괴벨스는 동지적 관계였던 돌격대 수뇌부를 '배신자'로 규정하고 돌격대장들의 "방탕한 생활"과 "구역질나는 성적 변태"를 거론했다. 룀이 제거되며 돌격대 수뇌부 수백 명이 살해되었다. 그는 '야만적인 숙청'이라며 히틀러를 비판하는 외신 보도를 두고 혼란을 부추기려는 오보라고 주장했다.

그리고 그해 8월 힌덴부르크 대통령이 86세의 나이로 사망하며 히틀러는 총통 겸 제국총리가 되었다. 그는 총체적 권력을 국민투표를 통해 획득하려 했다. 투표 결과는 89.9퍼센트였다. 선전선동은 계속되었다. 제1차 세계대전 이후 빼앗겼던 자르 지역이 투표를 통해 독일로 귀속된 1935년 3월 1일, 제국의 모든 라디오방송국은 이날의 현장을 중계했다. 히틀러는 일반적 병역 의무 도입을 발표하며 베르사유조약의 비무장 조항을 파기했다.

히틀러의 신격화 작업도 계속되었다. 괴벨스는 히틀러 생일 전날 라디오 연설에서 "3년 전에는 전 민족의 절반이 반대했던 한 남자가 오늘날 전 민족 차원에서 모든 회의와 비판을 넘어서 있다"고 주장하며 그를 "민족의 분열과 외교적 굴욕으로부터 다시 그토록 열망하던 자유로 치솟아 오르게 하는 사명을 지닌 사도"로 포장했다.

유대인과 '유대인이 만든 공산주의'에 맞서는 싸

움은 괴벨스 선동의 중심이었다. 1935년 9월 뉘른베르크 제국전당대회는 반공주의 아래 진행되었다. 그는 실제로 일어났거나 또는 거짓인 공산당의 만행을 모아 발표하면서 공산주의의 무신론을 비판했고 공산주의가 "조직적 광기"라고 주장했다. 예컨대 공산주의는 유대인 마르크스에 의해 탄생했다. 트로츠키도, 룩셈부르크도 유대인이었다. '심지어' 스탈린의 부인도 유대인의 딸이었다!

괴벨스는 "유대적인 더러운 물결"을 막아낸 자가 히틀러라며 "이제 독일은 붉은 무질서의 독에 면역성을 갖게 됐다"고 주장했다. 뉘른베르크에서 나치는 반유대주의가 담긴 뉘른베르크법, 즉 제국국민법과 독일의혈통과명예보존법률을 통과시켰다. 유대인의 독일 시민권은 박탈되었다. 유대인과 독일계 혈통 간의 결혼과 성관계도 금지되었다. 나치는 조부모 중 한 사람만 유대인이어도 유대인이라고 정의했다. 유대인은 투표권이 없었고 공직에 있을 수도 없었다. 유대인 여권에는 붉은색으로 'J Jude'라는 도장이 찍혔다.

선전은 기본적으로 적을 규정한다. 괴벨스의 적

은 유대인이었다. 그러나 인종주의는 서유럽과 미국 등 민주주의 국가들의 비판에 직면할 수밖에 없었다. 그래서 괴벨스의 또 하나의 적은 서유럽과 미국의 적이었던 공산주의였다. 서유럽과 미국은 공산주의에 반대하며 동유럽에서부터 불어온 공산주의를 차단하고 있던 히틀러의 영향력을 인정해야만 했다. 괴벨스는 두 갈래의 명확한 적을 규정함으로써 내부 결속을 강화하고 대외적으로 팽창할 수 있었다.

그러나 1935년 당시 제국은행 총재이자 경제장관 할마르 샤흐트는 유대인이 경제활동에서 제외되는 조치가 독일의 경제적 이해관계에 부담이 된다며 비판했다. 그는 히틀러에게 독일의 무역수지와 외환거래를 고려해 '탈유대화'와 같은 과도한 조치를 해서는 안 된다고 밝혔다. 결국 선전부는 1936년 1월 문화·경제 관련 직업들에서 탈유대화를 위한 모든 조치를 중단했다. 히틀러와 괴벨스는 무소속 정치인이었던 샤흐트를 쫓아낼 계획을 세워야 했다. 우선 그는 나치당 해외 조직의 스위스 지부장이 피살되자 유대인을 강하게 비판한 히틀러의 연설을 독일의 모든 라디오에 방송되도록 했다. 그 결과 그해 3월 6일 제국문화원에서 유대인의 피가 25퍼센트 이상인 사람들이 제명되었다.

1936년 3월 7일 히틀러와 독일군은 라인란트로 진격했다. 베르사유조약에 따라 비무장지대로 정해진 곳을 재무장하려는 시도로 국제조약을 위반한 사건이었다. 괴벨스는 외신 기자들을 베를린의 한 호텔로 모이게 한 뒤 다음날까지 격리 조치했다. 독일 기자들은 선전부로 호출되었고 비행기 2대에 나눠 탔다. 비행기는 라인란트를 향했다. 선전부는 기자들에게 보도지침을 내렸다. "아름다운 분위기의 라인강 사진에 군대의 진격, 주민들의 열광, 억압에서 해방된 주민의 심경을 담아야 한다.……'우리는 프랑스를 쳐서 승리하리라' 같은 말은 쓸 수 없다." 괴벨스는 라인란트 군사 점령으로 독일 민족의 명예와 주권이 다시 세워졌다고 선전했다. 언론은 전쟁의 공포가 생겨나지 않게끔 낙관적인 분위기를 유포하라는 보도지침을 받았다.

# 표현의 자유와
# 언론의 자유를
# 말살하고
# 선전중대를
# 꾸리다

———————

베를린올림픽을 위한 대규모 토목공사로 수백만 명에 이르던 실업자가 줄어들었다. 나치가 유대인을 제어하면서부터 독일이 번영하고 있다고 확신했던 괴벨스는 제국문화원에 그 어떤 유대인 회원도 소속될 수 없게끔 조치했다. 그러나 제11회 베를린올림픽에서 나치의 인종주의 광기는 드러나지 않았다. 1935년 가을까지만 해도 독일 올림픽 개최를 저지하려는 보이콧 운동이 있었다. 모든 참가자가 평등하다는 올림픽 규약에 위반되는 국가라는 이유 때문이었다. 그러나 올림픽조직위원회는 거의 아무 것도 하지 않았다.

괴벨스는 보도지침에서 "인종주의 관점은 보도에서 완벽하게 배제해야 한다"고 밝혔다. 베를린 시내에서는 인종주의 문구가 사라졌다. 베를린 제국방송사는 이 무렵 지구상 거의 모든 국가에 방송보도를 송출하는 데 성공했다. 16일의 대회 기간에 67명의 라디오 아나운서가 2,500개의 보도를 28개 언어로 32개 국가에 방송했다. 레니 리펜슈탈은 히틀러의 의뢰를 받아 베를린올림픽을 〈민족의 제전〉과 〈미의 제전〉이란 기록 영화로 만들었다.

'괴벨스의 아이들'은 공식행사에서 히틀러 주위에 얌전히 모여 앉아 히틀러를 어린이의 친구로 보여주는 선전의 도구로 이용되었다. 이 무렵 권력과 함께 부를 획득한 괴벨스는 호화 저택에 살며 아이들에게 마차를 선물했고, 벤츠 스포츠카와 가족을 위한 모터보트와 배도 구입했다. 괴벨스의 일기에는 아이들에 대한 사랑이 자주 등장했다. 그는 아이들과 대화할 때만 속고 있다는 느낌을 받지 않았다고 적었다.

1936년 9월 뉘른베르크 제국전당대회는 볼셰비즘에 대항하는 "범세계적 투쟁"이란 구호가 가득했다. 괴벨스는 반공주의를 강조하며 부르주아들을 안심시켰다. 선전부는 화보 잡지 편집인들을 소집해 반反소비에트를 주제로 사진 보도를 맡겼다. 그해 11월 독일과 일본이 반反코민테른 협약을 맺자, 괴벨스는 나치가 유럽을 공산주의에서 사수한 것처럼, 일본도 마찬가지의 사명을 다하고 있다는 보도지침을 내렸다.

공산주의에 맞서는 투쟁 속에 국내에서는 다양한 이탈 행위가 '유대적' 또는 '마르크스주의적'이라며 낙인찍혔다. 괴벨스는 예술비평가들을 "유대인의 후손"이라 주장하며 예술비평을 금지했다. 그는 비평이 정신과 의지의 통일을 방해하고 있으며, 주된 책임이 유대인에게 있다고 주장했다. 비평에 대한 탄압은 국민들에게 '비판적 사고'의 절멸을 유도했다. 결국 독일에서는 표현의 자유와 언론의 자유가 모두 사라졌다.

나치즘을 기독교 대신 종교의 위치로 높이고자

괴벨스는 베를린 시내에 인종주의 문구를 완벽하게
사라지게 했으며, 어린이를 히틀러의 친구로 보여주
는 선전의 도구로 이용했다. 1936년의 괴벨스(위쪽
오른쪽 두 번째).

했던 괴벨스에게는 교회 역시 극복의 대상이었다. 교회는 국가 권력자를 우상 숭배로 떠받드는 자들은 신이 창조하고 명령한 사물의 질서를 전복하고 위조하는 것이라고 경고했다. 이에 괴벨스는 경제적 압력으로 교회의 권위에 대응했다. 이후 괴벨스는 벨기에의 한 수도원에서 벌어진 성폭력으로 소년이 사망한 사건을 통해 동성애 가톨릭 성직자들에 대한 보도를 집중적으로 내보냈다. 그는 라디오를 통해 성직자들을 "파렴치한 미성년자 성폭력범"이라고 말하며 "성적인 흑사병을 뽑아낼 것"이라고 연설했다. 위선적 분노였다.

1938년 3월 14일, 독일은 무력으로 오스트리아를 병합했다. 히틀러는 빈에서 군사 퍼레이드를 벌였고, 괴벨스는 빈의 라디오를 통해 〈호르스트 베셀의 노래〉를 틀었다. 괴벨스는 라디오에서 이렇게 낭독했다. "세계는 이 시기에 오스트리아의 독일 민족이 최고의 기쁨과 감동을 경험하고 있음을 확인하게 될 것이다. 그들은 자신들을 도우려고 달려온 형제들을 구원자로 보고 있는 것이다." 히틀러는 언론을 통해 세속적인 일상을 넘어서는 신적 존재로 묘사되었다. 초인의 속성들이 그를 포장했다. 히틀러를 창조한 괴벨스는 내부에서 우려할 정도로 반유대주의 탄압을 강화해나가며 해외 언론의 비판을 자초했다. 그해 8월 유대인 의사들의 면허가 취소되었다. 뉘른베르크법에 따라 1936년 이후 독일에서 유대인의 50퍼센트가 일자리를 잃었다.

체코슬로바키아 침공 준비에 따라 괴벨스는 선전에 나섰다. 체코슬로바키아에 대한 비판 보도 금지 조치를 해제한 뒤, 그곳의 반反독일적 정책을 다루라고 지시했다. 특히 수데텐 지방 독일인들이 받는 억압을 선정적으로 보도하라고 지시했다. 선전부는 사소한 일을 과장하고, 과거에 일어난 일을 방금 일어난 일로 포장했다. 히틀러는 "체코슬로바키아에서 독일 민족이 계속 박해받는 것을 언제까지 바라보고 있을 수 없다"고 선언하며 침공을 정당화했다.

이 무렵 선전은 1937년 9월 작전 중 처음으로 국방군의 일부가 되었다. 선전부 제국방위총국은 1935년부터 어떻게 선전 전쟁이 무기 전쟁을 보완할 것인지 연구해왔다. 그렇게 선전중대가 설치되었다. 괴벨스의 선전중대는 정훈소대 개념의 원조였다. 선전중대가 촬영한 필름은 다큐멘터리에 사용되었다. 〈서부전선에서의 승리〉가 대표적이다. 괴벨스는 시골을 순회하는 1,000여 개의 이동극장을 운영하며 독일 국민에게 전쟁 상황을 홍보했다. 그에게 전쟁의 승패를 가르는 것은 선전이었다.

이런 가운데 '다자녀 중년 유부남' 괴벨스는 영화배우 리다 바로바와 사랑에 빠졌다. 은밀한 데이트가 반복되었다. 괴벨스는 영화 〈애국자들〉 제작을 감독했고 시나리오도 개작했다. 주연 배우는 리다 바로바였다. 이 영화는 제1차 세계대전 중 프랑스 여자와 독일 병사가 애정과 애국적 의무 사이에서 갈등을 느끼다 결국 후자를 택한다는 내용이다. 괴벨스의 아내 마그다는 인내심을 잃고 1938년 8월 15일 히틀러를 찾아갔다.

히틀러는 괴벨스에게 리다 바로바와 헤어지라고 했다. 히틀러는 스캔들을 원치 않았다. 히틀러는 마그다와 이혼해서는 안 된다고 했다. 그리고 9월 말까지 부부싸움 휴전을 명령했다. 괴벨스는 깊은 충격에 빠졌다. 그

리고 이내 바로바와 결별했다. 바로바는 신경쇠약에 시
달렸다. 게슈타포가 모든 행동을 감시했다. 스캔들을 두
려워한 히틀러는 그녀의 출국을 금지했다. 괴벨스에게
히틀러는 이런 존재였다.

# "총통은 명령하고 우리는 따릅니다!" 공포와 증오로 광기를 이끌다

────────────

괴벨스는 다가올 전쟁에 대비해 독일인들을 준비시키기 위한 체육궁전 집회에 나섰다. 괴벨스는 독일인들의 전쟁 의지를 히틀러에게 보여주는 역할을 맡았다. "국민들은 마치 한 사람처럼 당신 뒤에 서 있습니다. 독일 민족 전체가 바위 같은 확신으로 당신과 일치단결하고 있습니다. 이제 가장 중대한 결단의 순간에 당신 앞에서 충만하고 강인한 마음으로 이를 반복합니다. 총통은 명령하고 우리는 따릅니다!" 2만 명의 군중이 환호했다.

그러나 정작 괴벨스는 전쟁에 반대하고 있었다. 그는 히틀러에게 "독일 국민들이 전쟁에 매우 반대하고 있다"고 말했다. 일단 히틀러는 10월 1일 수데텐 지역을 확보하는 데 만족했다. 유럽이 모두 안도했다. 11월 7일, 유대인이 프랑스 주재 독일 대사를 암살하려 했다. 암살은 실패했지만 이 사건으로 대사관 서기관이 사망했다. 괴벨스는 이 '기회'를 놓치지 않고 '국제적인 유대인 범죄 집단'이 테러를 사주했다는 프레임을 만들었다.

그는 공포와 증오를 유도했다. 돌격대원들이 유대교 회당으로 몰려가 불을 질렀다. 유대인 상점이 부서지고 약탈이 이루어졌다. 이 같은 폭력 사태는 나치와 전혀 상관없는 시민들의 자발적 행위로 포장되었다. 언론에서 이 사건은 축소·왜곡되었다. "서기관 피살에서 비롯한 자연발생적 반응으로 국민들의 이해할 만한 격분"이라는 식의 논평이 나왔다. 그러나 폭력을 유도한 것은 나치였다.

괴벨스는 선전부 기자회견에서 외국 특파원들에게 '유대인 재산이 약탈당하고 파괴되고 있다는 소문은 더러운 거짓말'이라고 반박했다. 그러나 미국 『뉴욕타임스』와 영국 『데일리 텔레그래프』는 베를린에서 벌어진 파괴 사태를 상세하게 보도했다. 해외 언론은 이 사태에 당혹감을 느끼던 독일 국민 다수에 대해서도 보도했다. 그러나 이런 보도는 독일 내에서 읽을 수 없었다. 괴벨스가 이 신문들을 압수해 독일 내 배달을 막았기 때문이다.

이후 독일 경제에서 유대인을 배제하는 방안이 나왔다. 유대인 소유로 남아 있던 공장과 상점은 낮은 가격에 매각되었다. 그 어떤 문화 행사에도 참석할 수 없게 되었으며 아이들은 학교 수업도 받을 수 없게 되었다. 괴벨스는 언론을 통해 벨기에가 유대인의 이민 유입 감소를 요구했다거나 프랑스 파리에서 '정화'를 요구하는 목소리가 커지고 있다거나 체코슬로바키아에서 유대인 투표를 금지했다는 식의 보도를 통해 독일에서 벌어지고 있는 일들이 세계적인 일이라는 점을 강조하며 국민들의 죄책감을 덜어내고 안심시키고자 했다.

괴벨스는 히틀러의 지시에 따라 독일이 강대국 지위를 되찾기 위해 나치 지도부와 독일 민족의 힘 외에

괴벨스는 유대인을 향한 극단적 기조와 성폭행 스
캔들로 조롱의 대상이 되었다. 나치 내부에서도 그
를 업신여기는 이들이 등장했다. 1934년의 괴벨스
(가운데).

군사적 힘을 강조했다. 11월 19일 수데텐 독일인 보궐선거 운동 당시 연설 중 일부다. "우리 제국이 5년 6개월 동안 엄청난 희생과 최악의 위험 속에서 건설한 국방군은 이제 여러분의 국방군이다. 오늘날 독일의 힘과 위대함의 자랑스러운 증거로서 전 세계 대양을 누비고 있는 독일의 전함들은 여러분의 전함이기도 하다. 이는 여러분의 힘과 위대함, 여러분의 자랑이며 여러분이 제국과 결속하고 있다는 증거다." 언론은 괴벨스의 지시에 따라 전쟁의 참혹함과 개인의 고통을 보여주는 묘사는 피하고 전쟁이 갖고 있는 영웅적 성격과 승리의 기쁨을 강조해야 했다.

그러나 이 무렵 괴벨스는 유대인을 향한 극단적 기조와 성폭행 스캔들로 조롱의 대상이 되었다. 나치 내부에서도 그를 업신여기는 이들이 등장했다. 괴벨스가 나치에 심각한 윤리적 부담을 주고 있다는 지적이 나왔다. 여러 해 동안 여배우뿐만 아니라 여직원들에게 성관계를 강요했고, 당내에서 도덕적으로 고립된 괴벨스가 히틀러의 신뢰를 악용하고 있다는 지적도 나왔다. 괴벨스도 이러한 여론을 알고 있었다. 그는 고립되었고 극심한 신경 장애로 병원에 입원했다. 1939년 1월 22일 괴벨스 부부는 새로운 결혼 계약서에 서명하며 관계를 회복했다. 이혼했다면 그는 장관직에서 물러나게 될 수도 있었다.

괴벨스는 호화로운 장관 관저 집무실을 갖게 되었다. 온통 빨간색으로 꾸며졌다. 책상과 회전의자는 빨간 가죽으로 덮었고, 벽돌과 안락의자도 빨간 천을 덮었다. 묵직한 커튼과 양탄자 역시 빨간색이었다. 히틀러의 거대한 전신 영정이 책상 뒤의 벽을 차지했다. 과거 궁핍했던 시절 물질주의를 경멸했던 청년 괴벨스는 이제 없었다.

# "한 민족,
# 한 제국,
# 한 총통"

히틀러는 1939년 1월 30일 제국의회 연설에서 "우리 민족의 생활권 확장"을 주장했다. 전쟁이 눈앞에 왔다. 전쟁을 비판한 지식인들은 "무능력한 기생충"으로 묘사되며 유대인과 같은 취급을 받았다. 괴벨스는 나치에 비판적인 지식인들을 향해 "위기의 순간에 두 손으로 자신의 심장을 움켜쥐고 위험을 직시할 힘이 없다"고 비난했다.

괴벨스는 당시 선전을 두고 '문제를 가장 단순한 공식으로 만들고 그 공식을 끝없이 반복할 수 있는 자만

이 여론에 영향력을 끼치며 궁극적 성과를 거둘 수 있다'
고 파악하고 있었다. 괴벨스는 전쟁의 명분을 위해 체코
슬로바키아에서 벌어진 성추행과 테러를 반복해서 보도
하도록 지시했다. 앞서 언급했던 괴벨스의 선전 원리인
단순화 · 집중공격 · 확대의 한 사례다. 국방군은 독일인
이 살지 않는 지역을 섬령했다. 히틀러는 이제 폴란드를
노렸다.

　　1939년 4월 20일 히틀러의 50번째 생일 축제 행
사는 르포 영화로 제작해 주간뉴스 특별판으로 방송했
다. 괴벨스가 직접 선발한 카메라맨 12명이 총 9킬로미
터 길이의 필름을 찍고, 편집을 거쳐 20분의 1을 남긴 뒤,
장중한 클래식 음악을 배경으로 깔았다. 히틀러는 제국
무대예술가가 세운 으리으리한 세트와 엄청난 규모의 군
사열 앞에 섰다. 승리의 화환을 움켜쥔 주철鑄鐵 독수리가
그 위에 있었다. 이날의 모습은 이후 전쟁에서 독일인들
에게 자신감을 불어넣기 위한 쇼였다.

　　괴벨스는 히틀러의 지시에 따라 '포위'라는 용어
를 핵심으로 사용하며 독일 영토가 지정학적으로 불리한

위치에 있어서 늘 적들의 침략에 넘어간다는 콤플렉스를 결부시켜 히틀러의 공세를 정당화했다. 또 다른 프레임은 '반자본주의'였다. 굶주림에 시달리는 이들이 타락한 이에 맞서 벌이는 투쟁으로 당시 상황을 묘사했다. 괴벨스는 전쟁 국면을 두고 부자는 빵을 훔치겠다는 생각을 하지 않겠지만, 굶주린 자는 그런 생각을 하게 된다며 침략을 단순화했다.

괴벨스는 6월 17일 "한 민족, 한 제국, 한 총통", "우리는 제국으로 돌아가리라!", "독일, 모든 것 위의 독일" 같은 준비된 구호와 함께 영국의 포위를 주장했다. "그들이 허약하고 무기력하고 부르주아적인 독일을 생각한다면 오산이다. 나치 제국은 막강하다! 오히려 현재 세계 최강의 국방군을 보유하고 있다! 독일은 비겁한 부르주아에 의해 통치되는 것이 아니라 아돌프 히틀러에 의해 지배되고 있다." 전쟁을 지원하는 선전은 무거운 분위기를 연출해서는 안 된다는 지침과 함께 적절히 녹아들었다.

괴벨스는 히틀러를 평화 노선으로 유도하고자

했지만, 히틀러의 주장을 들을 때마다 그는 광신적으로 자신을 속여야만 했다. 전쟁 무렵 히틀러의 의사 결정 과정에서 괴벨스는 배제되었다. 그는 군인이 아니었다. 괴벨스는 외무장관 요아힘 폰 리벤트로프가 히틀러를 전쟁으로 선동하는 악령이라고 생각했다. 괴벨스는 히틀러가 영국, 프랑스, 소련을 상대로 전쟁을 가오하는 것이 두려웠다.

독소 불가침 조약 이전, 괴벨스는 훈령을 통해 소련과 볼셰비즘에 대한 선전을 중단했다. 경쟁국이 소련으로 히틀러를 저지하려 하기 때문에 소련에 대한 공격적 선전이 독일에 불리하다는 이유였다. 영국이 절대 독일과 동맹을 맺지 않을 것이라고 확신한 히틀러는 소련과 협력을 고려했다. 소련은 자본주의 국가들끼리의 전쟁을 원했다. 독소 불가침 조약 체결 소식은 신문 1면에 대대적으로 보도하도록 지침이 내려갔다. 독일 국민들은 이 소식을 듣고 안도했다. 선전부 국내언론국장은 독일 언론 대표들에게 독일과 소련의 화해를 강조하고 두 국가의 세계관 차이에 대해서는 긍정이건 부정이건 다루어서는 안 된다고 지시했다.

전쟁이 임박하자 수많은 평화와 중재 제안이 해외 언론에 쏟아졌다. 괴벨스는 이것들을 모른 척하고 머리기사로 폴란드를 다루어야 한다고 지시했다. 괴벨스는 폴란드가 독일계 소수 민족들에 저지른 잔학한 행위를 뉴스로 유포했다. 괴벨스는 국민들이 보도 내용을 믿건 말건 그 사건을 계속 크게 보도해야 한다고 지시했다. 1939년 9월 1일 바르샤바 공습이 시작되었다. 언론에서 전쟁이란 표현은 등장하지 않았다. 공식적 표현은 '반격'이었다. 괴벨스는 방송 비상조치 법안을 만들어 국민들이 외국 방송을 청취하거나 외국 방송의 보도 내용을 유포할 경우 징역형을 내리겠다고 위협했다. 전쟁이 시작되었다.

폴란드가 지도상에서 사라졌다. 괴벨스는 "총통과 함께 우리는 언제나 승리할 것이다"라고 자기 최면을 걸면서도 세계대전을 우려했다. 그러나 히틀러는 영국과 맞서기로 했고, 괴벨스는 "우리는 이겨야 하기 때문에 이길 것이다"라며 또다시 최면을 걸었다. 괴벨스는 영국

© CC BY-SA 3.0 de

괴벨스는 영화의 중요성을 그 어느 때보다 인식하고 있었는데, 특히 낙관주의가 필요했기 때문에 유쾌함이 유지되어야 한다고 주장했다. 1935년의 괴벨스 (맨 오른쪽).

해군장관이자 훗날 총리가 된 윈스턴 처칠을 '분홍 바지를 입은 거만한 원숭이'라고 공격했다. 폴란드 선전 업무를 맡게 된 괴벨스는 폴란드의 유대인 게토를 둘러보며 "이들은 인간이 아니라 짐승이다. 인도주의 문제가 아니라 외과 수술의 문제다"라고 밝혔다. 괴벨스는 유대인 격리 조치를 정당화하기 위해 영화를 동원했다. 다큐멘터리 〈영원한 유대인〉에서는 유대교의 가축 도살 의식 장면을 등장시켰다.

전쟁에 대한 비관적 분위기는 히틀러를 날카롭게 했다. 독일인들은 끔찍했던 제1차 세계대전의 기억을 갖고 있었다. 히틀러는 폴란드 진군 당시 공군을 선전한 영화 〈불의 세례〉에 여러 차례 수정을 지시했고, 영화관에서 상영하는 〈주간뉴스〉도 비판했다. 그는 괴벨스가 "어중간하게 제작하고 있다"고 비판했다. 괴벨스는 참담했다. 괴벨스는 괴링의 전투기가 공중전에서 영국 항공기 36대를 격추했다는 이야기를 퍼뜨렸다. 폴란드 침공에 이어 서부전선 전쟁을 앞두고 담뱃갑에는 처칠의 사악한 캐리커처가 그려졌으며 선전부 해외국은 영국 군인

이 프랑스 여자와 성교 자세를 취하고 있는 전단을 살포
했다.

1940년 1월, 괴벨스는 히틀러를 비판한 책, 예컨
대 『히틀러와의 대화』 같은 책을 독일인들이 볼 수 없게
노력했다. 그해 4월 9일 독일군은 덴마크와 노르웨이 침
공을 시작했다. '스칸디나비아를 대對독일 전쟁 무대로
삼으려는 영국의 도발에 대한 대응'이 명분이었다. 괴벨
스는 영국을 거짓말쟁이로 묘사하는 한편 언론에는 독일
의 적이 영국과 프랑스이고, 어떤 경우에도 침략자의 역
할은 맡지 않을 것이란 사실을 반복하라고 주문했다.

그해 5월 10일, 서부 진군이 시작되었다. 150만
명의 병력과 2,500여 대의 전차, 4,000여 대의 비행기를
갖춘 137개 사단이 밀고 들어갔다. 신문과 방송에는 영
국과 프랑스가 중립국 벨기에와 네덜란드 점령을 앞두고
있었는데 이를 눈치 챈 독일이 한 발 앞섰을 뿐이란 점을
부각하라고 지시했다. 서부 진군은 전무후무한 승리의
연속이었다. 괴벨스는 "독일의 창조적 천재성이 역사상
처음으로 관료주의와 왕정의 모든 장애를 벗어나 완벽하

게 펼쳐지고 있다"며 환호했다.

　　괴벨스는 1914년의 상황과 1940년 상황이 완전히 다르다는 점을 강조했다. 그는 해외 중립국을 겨냥하고 창간한 주간지『제국』을 통해 전쟁의 성과를 홍보하는 한편 라디오를 통해 프랑스군의 탈영을 권유하고 국민들에게 투항을 권고했다. 또한 연합군의 분열에 주력했다. 예컨대 괴벨스는 라디오를 통해 네덜란드 군인들에게 "병사들이여, 당신들은 왜 싸우고 있는가? 당신들은 왜 도살되는가? 프랑스와 영국의 자본가를 위해서?"라고 물었다. 지역감정도 부추겼다.

　　독일군이 파리에 입성하자, 괴벨스는 프랑스인을 향해 "당신들 정부는 더이상 존경받을 가치가 없다. 수도를 죽음으로 방어하자는 요구에도 불구하고 도시와 시민을 내팽개쳐버렸다"고 주장했다. 선전은 효과적이었다. 프랑스의 항복을 받아낸 제국방송은 휴전 소식을 내보냈다. 괴벨스는 제1차 세계대전의 수치스러운 패배가 지워졌다며 열광했다. 불안은 사라졌다. 히틀러가 7월 6일 베를린에 등장했고 화려한 개선 퍼레이드가 열렸다.

"한 민족, 한 제국, 한 총통"이었다.

히틀러는 해상봉쇄와 괴링이 이끄는 공군으로 영국과의 전쟁을 준비했다. 라디오는 이때도 가장 강력한 선전무기였다. 그는 지하방송으로 영어프로그램을 송출했다. 독일 선전기구라는 점을 들키지 않기 위해 모든 방송은 나치즘 공격으로 시작되었다. 이 방송은 잉글랜드와 스코틀랜드, 웨일스 간의 갈등을 부추겼다.

런던 공습이 시작되었다. 영국 공군도 독일 공습을 강화했다. 이 가운데 히틀러는 350만 명의 유대인을 아프리카의 섬 마다가스카르로 격리시키려 했다. 이를 위해 영국과 전쟁에서 승리해야 했다. 마드리드부터 요코하마까지, 대륙 블록으로 영국을 고립시키고 미국의 참전을 저지해야만 했다. 괴벨스는 친親소련 보도를 금지하고 두 나라 사이의 문화 교류를 반대하면서 소련과의 불편한 동맹을 이어갔다.

괴벨스는 영국과 전쟁이 길어지면서 독일 언론이 '영국이 곧 붕괴할 것'이라는 인상을 날마다 줄 경우 장기적으로 거부감이 발생할 것이라고 생각했다. 괴벨스는 오히려 독일 국민들에게 '영국 같은 세계제국은 몇 주 만에 무너질 수 없다는 사실을 말해주어야 한다'고 밝혔다. 그러나 괴벨스의 권한은 축소된 상태였다. 대신 총통 사령부에서 만든 일일 구호가 제국공보실장을 통해 전파되었다. 국민들의 사기는 떨어지고 있었다. 폭격이 계속되고 있었다.

괴벨스는 괴링의 공군 부대 중 기사십자훈장 서훈자인 조종사들을 국민 영웅으로 미화했다. 특히 괴벨스는 에르빈 로멜에 주목했다. 육군과 협력해 로멜을 다룬 〈서부의 승리〉란 선전 영화를 제작했다. 그가 보기에 로멜은 나치군 지휘관의 모든 특성을 갖춘 군인이었다. 이 무렵 괴벨스는 영화의 중요성을 그 어느 때보다 인식하고 있었는데, 영화계의 과제는 긴장을 풀어주는 오락에 있다고 보았다. 낙관주의가 필요하기 때문에 유쾌함이 유지되어야 한다는 맥락이었다. 영화의 주요 소재인 전쟁은 다양한 장르와 결합했다. 단조로움을 피하면서도 관객을 교화하려는 목적은 은폐했다.

소련 침공을
위한 선전,
"독일은
유럽 문명을
지키는 구원자다"

"위대한 시도는 뒤늦게 온다. 소련 진격. 이는 면밀하게 위장되어 있고 극히 일부만 알고 있다. 이 작전은 서부전선으로 대대적인 병력이 이동하는 것으로 시작된다.……영국을 상대로 위장 작전을 펴고, 번개처럼 돌아와 돌격한다.……심리적으로 몇 가지 어려움이 있다. 나폴레옹과의 비교 등이다. 그러나 우리는 반공주의로 간단히 극복할 것이다.……우리는 걸작을 만들어낼 것이다."

　　　1941년 3월 29일 괴벨스의 일기 한 대목이다. 독일은 소련 침공을 계획했다. 그런데 뜻밖의 사건이 벌어졌다. 나치당 2인자이자 총통 대리인 루돌프 헤스가 평화 협상을 하겠다며 비행기를 몰고 영국으로 향했다. 제국 공보실은 헤스가 정신착란 증세가 있었으며 망상의 희생자가 되었다고 공식 발표했다. 괴벨스 또한 히틀러의 의도대로 헤스의 망상증을 거듭 강조했다. 이어 다른 사안을 과장 보도해 국민들의 주의를 돌릴 것을 지시했다. 괴벨스는 동부 지중해에서 독일에 유리하게 전세戰勢가 전개되자 모든 정보 정책을 그쪽으로 옮겼다.

괴벨스는 독일의 영국 침공이 임박했다는 글을 쓴 뒤 글이 실린 신문 몇 부를 제외하고 모두 압수했다. 이 작전으로 괴벨스의 글은 비중 있게 해외로 퍼졌다. 특파원들은 선전장관이 비밀을 누설해 히틀러의 총애를 잃었다고 보도했다. 그는 총통이 영국 침공 없이 전쟁이 끝날 수 없고, 몇 주 뒤 침공이 시작된다는 게 확실하다는 말을 일부러 몇몇에게 흘렸다. 모든 것이 소련 침공에 대한 의심을 지우기 위한 작전이었다.

괴벨스는 소련과의 협력이 "우리의 명예로운 방

패에 묻은 오점"이라고 생각했다. 괴벨스는 자신의 일기에 "소련은 우리가 허약해지면 공격해올 것이고 그렇게 되면 우리는 양면 전선 전쟁을 겪게 될 것이다. 이제 예방 작전을 통해 이를 미연에 방지하려는 것이다"라며 침공을 합리화했다. 히틀러는 스탈린이 유럽을 볼셰비즘화하려 하기 때문에 전쟁이 불가피하다고 했다. 6월 22일 소련 침공이 시작되었다. 괴벨스는 이날 장관 주재 회의에서 독일 국민의 심리를 움직이기 위해 가장 중요한 논리는 '독일군의 서부전선 완전 투입은 동부에 언제 배신할지 모르는 수상쩍은 강대국이 있는 한 불가능하다는 사실을 강조하는 것'이라고 밝혔다.

괴벨스는 7월 6일 논설에서 볼셰비즘을 범죄적 정치로 묘사했고, 독일군은 "정치적 지하세계의 위협으로부터 유럽 문명을 지켜내는 구원자"로 정의했다. '반공주의 유럽 십자군 전쟁' 프레임이었다. 초반 전세는 독일에 유리했지만 점차 소련의 저항이 거세졌다. 괴벨스는 국방군 보도를 작성하는 총통사령부를 비판하며 지나치게 낙관적으로 채색된 정보 정책은 결국 큰 실망감을

괴벨스는 독일군을 "정치적 지하세계의 위협으로부터 유럽 문명을 지켜내는 구원자"로 묘사했다. 1938년의 괴벨스(오른쪽).

가져온다면서 영국의 선전 전술이 모범적이라고 강조했다. 그는 제국공보실장 오토 디트리히의 낙관이 여론의 심각한 환멸을 가져올 것이라 우려했다.

괴벨스는 베를린에 남아 있던 6~7만 명의 유대인을 없애려 했다. 나치는 제국보안중앙국 유대인 문제 주무국장 아돌프 아이히만에게 유대인 소개疏開 방안을 작성할 것을 요청했다. 나치는 유대인 멸종을 위해 이들을 동부로 이송한 뒤 가혹한 강제노동을 시켜 사망을 유도했다. 괴벨스는 "유대인 금융 자본이 여러 민족을 세계대전으로 끌어들이면 그 결과는 유럽 내 유대인 종족의 멸망"이라고 예언한 히틀러의 말이 진실로 판명되었다며 유대인 격리 수송을 정당화했다.

겨울이 시작되자 모스크바로 진격한 독일군은 궤멸 직전 상황이었다. 이런 가운데 12월 7일 일본군이 진주만의 미국 함대를 공격하며 전쟁은 확대되었다. 괴벨스는 11월 9일 『제국』 논설을 통해 언제 승리가 올지 우리는 묻지 않으며 그 대신 승리가 올 수 있도록 노력할 뿐이라고 강조했다. 그는 12월 7일 장관 주재 회의에서 그동안의 선전이 독일 국민에게 불쾌한 뉴스를 모두 숨기면서 결국 독일 국민이 상황 악화에 민감하게 반응하게 만든 것이 실수였다고 밝혔다. 대신 그는 처칠의 "피와 땀과 눈물" 전략이 모범적이라며, 독일의 선전 활동이 정당한 낙관주의와 현실주의로 가야 한다고 강조했다.

괴벨스는 우선 일본군의 군사력을 강조했다. 그는 일본의 참전이 '신의 참된 선물'이라며 만족했다. 동부전선의 어려움은 겨울이 너무 빨리 시작된 결과라고 선전했다. 히틀러 또한 "소련이 아니라 영하 45도에 이르는 날씨가 우리를 압박하고 있다"고 밝혔다. 이를 통해 자신들의 패배가 소련을 과소평가했던 지도부의 잘못된 판단 결과가 아니라 날씨 탓이라고 은폐할 수 있었다. 뒤이어 괴벨스는 전국적인 기부 운동을 시작했다. 전황의 심각성을 알려주는 선전의 새로운 전략은 독일인들의 기부 의욕을 높였다. 모금 운동으로 6,700만 점 이상의 의류가 모였다.

처칠은 일부러 상황을 부정적으로 묘사하는 선전으로 전선을 유지했다. 그럼에도 1942년 북아프리카에서 로멜의 승리가 계속되자 잇따른 패배를 변명하기 위해 로멜을 초인으로 묘사해야 했다. 괴벨스 또한 로멜을 "훌륭한 인간이자 탁월한 군인"으로 바라보며 동부전선에 대한 걱정스런 여론을 로멜의 승전으로 돌렸으며 그를 국민 영웅으로 만들어야 한다고 주장했다. 선전 보도는 온통 로멜로 가득했다.

# 극단으로
# 더 극단으로,
# 유대인
# 학살과
# 총력전

1942년 5월 18일 베를린의 반反소련 전시회에서 테러가 일어나자, 그는 이 책임을 유대인에게 돌리며 아직 베를린에 있던 유대인 4만 명을 소개해야 한다고 주장했다. 그해 여름 법무장관은 "반사회 분자들의 판결을 집행하기 위한 이송"이라는 구호 아래 유대인들을 아우슈비츠 등으로 보냈다. 이들은 기소 없이 수용소로 갔다. 총 63건의 격리 수송을 통해 1941년 베를린에 거주하던 6만 6,000명의 유대인 가운데 3만 5,738명이 이송되었고 학살되었다. 학살은 비밀에 부쳤다.

　　동부전선은 소련 침공을 통해 지하자원 공급지를 획득할 수 있다고 선전했다. 로멜이 그해 6월 대영제국 최후의 보루였던 카이로와 수에즈운하 앞 요새를 함락하자 언론은 로멜을 '불패의 후광'으로 감쌌고 히틀러는 그를 육군 원수로 승진시켰으며 괴벨스는 함락의 책임을 처칠 한 사람에게 돌려야 한다고 주장했다. 그러나 영국이 지중해를 장악하고 있었기 때문에 육지에 간힌 로멜의 기갑부대는 지쳐 있었다.

　　9월, 스탈린그라드 공방전의 성공적 결말을 효과적으로 칭송하라는 보도지침이 내려왔다. 승전보는 오지 않았지만 독일 신문은 승리가 임박했다고 보도했다. 괴벨스는 해외 언론 기자회견을 열어 잠시 귀국한 사막의 여우 로멜을 기자들에게 소개했다. 그러나 로멜은 우월해진 영국군에 의해 부대가 전멸할 수 있다고 우려해 11월 초 퇴각했고, 히틀러는 그에게 사수 명령을 내렸다. 이런 가운데 지중해에 등장한 미국 전함과 수송함은 괴벨스에게 충격을 주었다.

그해 겨울, 괴벨스는 총력전을 준비하기 시작했다. 생활수준의 제한과 상류층의 희생, 노동 가능 남녀의 포괄적 투입에 관한 법령이 등장했다. 병력을 충원하기 위해 징집을 면제받았던 이들 중 10~15퍼센트에게 면제 취소 조치를 내렸다. 이미 1941년 700만 명의 독일 남성이 전선에 동원되었다. 후방에서는 여성들을 군수공장 등 노동전선으로 끌어들였다. 괴벨스는 노동 인력의 재편성 과정을 계획했다. 전쟁에 중요치 않은 공장은 폐쇄 지시를 내렸다.

1943년 2월 1일, 스탈린그라드에 고립되어 있던 독일군은 끝까지 항전하라는 히틀러의 명령을 어기고 항복했다. 무의미한 죽음을 막기 위한 선택이었다. 이를 두고 괴벨스는 "최후의 숨을 거둘 때까지 깃발 앞의 맹세에 충실했으나 적의 압도적 힘과 불리한 상황에 패배했다"며 '항복'을 은폐했다. 그는 패배주의에 맞서기 위해 베를린의 호화 레스토랑을 폐쇄했다.

그리고 2월 18일, 베를린 체육궁전은 내각 구성원 모두와 나치당 지도자들로 가득했다. 괴벨스는 온갖

괴벨스는 온갖 공포의 시나리오를 강조한
뒤 미래에 닥칠 테러를 선제적 테러로 분쇄
해야 한다며 총력전을 요구했다. 1940년의
괴벨스.

공포의 시나리오를 강조한 뒤 미래에 닥칠 테러를 선제적 테러로 분쇄해야 한다는 프레임을 꺼냈다. 그리고 총력전을 요구했다. 그 유명한 총력전 연설이었다. 당은 신분과 직업을 고려하지 않고, 가난하거나 부유하거나 모두 총력전을 위해 같은 의무를 져야 한다고 주장했다. 그는 스탈린그라드의 영웅적 희생이 있고 난 뒤 비로소 총력전을 향한 의지가 등장해 최후 승리를 가져온다는 깨달음이 가능해졌다는 식의 논리 구조로 연설에 나섰다. 그는 독일이 곤경에 처해 있다고 이날 공식석상에서 처음으로 인정했다. 괴벨스는 소련의 볼셰비키에 패배하는 것은 죽는 것보다 비참하다고 했다. 전 국민이 군인이 되어 전쟁을 지원해야 한다고 외쳤다.

"나는 묻겠다. 여러분은 어떤 고난이 있어도 총통을 믿고 따르겠는가! 여러분은 가장 힘든 과업을 기꺼이 수행하겠는가! 그대들은 총력전을 원하는가! 그대들은 역사상 가장 총력적이고 급진적인 전쟁을 벌이길 원하는가! 자, 민족이여 일어서라! 폭풍이여 몰아쳐라!"

괴벨스의 외침에 궁전에 모여 있던 이들이 열광

적으로 '지크 하일!Sieg Heil(승리 만세!)'을 외쳤다. 궁전은 통제 불능의 상태였다. 당시 모인 청중 가운데 배우도 섞여 있어 적절하게 극적인 반응을 보였다. 이날 청중들은 정치적으로 가장 잘 훈련된 당원들이었다. 이날의 총력전 연설은 전방에 있던 군인들의 사기에도 큰 영향을 주었고, 독일의 분위기를 쇄신하는 계기가 되었다. 국민들은 총력전의 요구를 받아들였다. 괴벨스는 그들이 자신의 생존을 위해 싸운다고 믿게끔 만들었다. 히틀러는 총력전 연설이 최고의 인기 상품이라며 들떠 있었다. 총력전은 연합국에 '독일은 완전히 하나가 되어 있다'는 사실을 부각시키는 효과가 있었다.

괴벨스는 1943년 3월 4일 일기에서 이렇게 적었다.

"저녁에 볼셰비키 선전 영화 〈소련의 하루〉를 시청했다. 공감대를 얻기 힘들었지만 1급 선동 영화였다.……러시아는 부르주아 국가가 아니라 프롤레타리아 유대인의 나라다. 만일 우리가 최선을 다해 노력하지 않는다면 그들이 우리를 지배하게 될 것이다. 지금이야말로 '총력전이 긴급한 시대적 필요다'라는 말이 우리의 구호가 되어야 한다."

　　괴벨스는 1943년 4월 소련군의 카틴 학살을 언
론을 통해 부각시키며 소련과 폴란드 망명정부 사이의
갈등을 유도했다. 분노 유발. 그의 전문 분야였다. 그러
나 새로운 패배를 국민들에게 전달하는 데 문제를 겪었
다. 로멜의 패배도 마찬가지였다. 괴벨스는 로멜의 명망
에 흠집이 나지 않도록 해야 했다. 그는 '사막의 여우'가
2개월간 요양을 위한 휴가에 들어갔다고 발표했다. 튀니
지에서 24만 병력이 항복했다. 괴벨스는 패배에 함구했
다. 반면 베를린 공습이 남긴 피해는 부인하지 않았다.
공습은 민간인의 사기를 높일 뿐이라고 주장했다. 전쟁
결과를 두고 회의적 발언을 하는 사람들을 게슈타포가
체포했고 비판적 언론인들에게 테러를 가했다.

　　국민의 사기가 전쟁을 결정짓는 요인이라고 생
각했던 괴벨스는 국민들의 맹목적 믿음을 가능하게 만들
기 위해 '기적의 무기들'이 등장할 것이라는 풍문을 조직
했다. 괴벨스는 그만큼 상황의 심각성을 알고 있었다.
1943년 8월 말, 그는 자신의 보좌관에게 독일이 전쟁에

서 패배할 수 있다고 말했다. 그는 이 시점부터 권총을 책상 서랍에 보관했다고 전해진다. 베를린 공습이 시작되면 지하철 갱도로 피신하도록 했다. 그는 화재 진압 업무를 지휘했고 구호 조치를 취했다. 영국이 희망했던 것과 달리 베를린 시민들의 '소요 사태'는 일어나지 않았다. 그는 이듬해 베를린 시의장에 임명되며 제국 수도에서 절대적 권한을 갖게 되었다.

# "증오는
# 우리의 의무",
# 청산가리로
# 생을 마감하다

———————————

1944년 6월 6일, 연합군은 그 유명한 노르망디 상륙작전을 감행했다. 괴벨스는 영국과 미국이 상륙을 감행하면 엄청난 인명 피해를 각오해야 할 것이라 예고하며 로멜을 통해 무너지지 않는 대서양 방벽 신화를 만들고자 했다. 그러나 전세가 불리해지며 그의 선전도 먹히지 않고 있었다. 그는 흔들릴 때마다 히틀러를 만나 비현실적 믿음을 강화했다. 그는 장거리 무기에 기댔다. 라디오를 통해선 증오와 복수를 선동했다. 나치는 "(우리는) 이 테러

를 처부수고 복수할 것이란 의지를 먹고살았다"고 방송
했다.

한 달 뒤인 7월 20일, 히틀러 암살 시도가 있었다.
실제 이 무렵 독일 사회에서는 전쟁이 길어지고 유대인
학살이 알려지며 나치에 대한 불만, 환멸, 분노가 생성되
고 있었다. 하지만 히틀러는 운 좋게 살았고, 냉정하게 반
란 세력을 진압하는 데 공을 세운 괴벨스는 다시금 총애
를 받게 되었다. 괴벨스는 라디오에서 "나는 총통이 섭리
의 보호를 받으며 자신의 위업을 달성하는 경험, 아무리
난관이 있더라도 신적 운명이 이러한 위업은 완성될 것
이라는 암시를 주는 경험을 여러 차례 했지만 이 순간처
럼 분명하게 경험한 적은 없다"며 히틀러를 신격화했다.

7월 25일 제국전권위원에 임명된 괴벨스는 행정
없는 통치라는 나치의 이상을 보여주고자 했다. 제2차 세
계대전 최후의 동원령이 떨어졌다. 주당 60시간 노동을
도입하고, 일간지 발행면수를 4면으로 축소시켰으며 오
락적 저술이 금지되었다. 극장, 미술전시회도 문을 닫았
다. 괴벨스는 방송만으로 독일인들의 사기가 올라갈 수

없다는 걸 알고 있었다. 괴벨스는 소련과 미국·영국 양 진영 중 한쪽과 동맹을 맺어야 한다고 생각했으며, 그중에서도 소련과의 동맹을 주장했다.

괴벨스는 이 같은 의견을 문건으로 정리해 9월 22일 히틀러에게 보냈지만 답이 없었다. 히틀러는 영국과 동맹을 강요한 뒤 미국이 유럽에서 철수하고, 그 뒤 소련을 결판내는 상황을 희망했다. 결국 괴벨스는 다시 증오를 부추겨야만 했다. 전쟁에서 패하면 독일 영토가 찢기게 되고 영미든 소련이든 어느 쪽이라도 "똑같이 끔찍한 테러 정권을 독일 땅에 설치할 것"이라고 주장했다. 그는 그렇게 총력전을 강조하며 수십만 명을 이른바 국민보병사단에 넣었다. 그는 또한 국민돌격대를 조직해 16~60세의 복무 가능한 모든 독일 남자를 소집했다.

그러나 상황은 절망적이었다. 선전지국들의 정보보고에는 희망의 상실과 체념이 담겨 있었으며, 전쟁 영웅이었던 로멜은 히틀러 암살 사건에 연루되어 자살 명령을 받고 스스로 청산가리를 삼켰다. 국방군 총사령부는 신형무기 V2를 과장하며 분위기를 바꿔보려 했지

괴벨스는 거리에 "복수는 우리의 미덕, 증오는 우리의
의무"란 구호를 쓰게 해서 소련 군인들의 잔혹함을
강조해 내부 결속을 꾀했다. 1940년의 괴벨스(왼쪽).

만 괴벨스는 오히려 아마추어적인 선전 방식에 화가 났다. 그것은 '기적의 무기'가 아니었다. 이런 가운데 12월 6일 아르덴 공세가 시작되었다. 독일군이 서부전선에서 진행한 마지막 공격이었다. 초반은 독일군에 유리했으나 이내 반격에 부딪혔다. 괴벨스는 역사 속에서 모범이 될 선전 사례를 찾고자 했다. 그는 한니발의 카르타고군이 성문 앞까지 진격했으나 끝내 항복하지 않았던 로마의 사례에 주목했다.

　　하지만 1945년 1월 말 베를린에는 매일 4만 명의 피난민이 도착했다. 공습과 폭격으로 만신창이가 된 베를린은 모든 것이 부족했다. 괴벨스는 항전을 고취시키는 영화 〈위대한 왕〉을 국민들에게 반복적으로 보여주었다. 2월에는 『제국』 사설에서 유럽의 볼셰비즘화를 경고하며 오직 독일이 이를 막으려 애쓰고 있다고 썼다. 미소 동맹을 무너뜨리려는 의도였다. 괴벨스는 여기에 더해 페인트공을 시켜 제국 수도의 거리에 "복수는 우리의 미덕, 증오는 우리의 의무"란 구호를 쓰게 했다. 그는 특히 소련 군인들의 잔혹함을 강조하며 내부 결속을 강조했다.

1945년 3월 13일, 선전부 청사가 폭격으로 파괴되었다. 벙커에 있던 히틀러는 자신을 통제할 수 없었고 전선 상황을 통찰할 수 없었다. 히틀러는 3월 19일 적이 활용할 수 있는 모든 시설을 파괴하라는 '네로 명령'을 내렸다. 괴벨스는 서부전선 점령 지역에서 파르티잔 활동을 벌이는 베어볼프(늑대인간) 작전의 효과를 거두기 위해 라디오 선전을 이용하며 기적을 소망했다. 그러던 중 미국 프랭클린 루스벨트 대통령이 갑자기 사망하자, 사람들은 이것이 바로 괴벨스가 약속했던 기적이라고 믿었다. 괴벨스 또한 전쟁의 전환점이라고 생각했다. 하지만 상황은 달라지지 않았다.

그는 4월 15일 『제국』 논설에서 "이 전쟁을 하루로 본다면 자정을 몇 초 앞두고서야 비로소 결판이 날 것이다. 그러나 우리가 체념하여 무기를 내려놓는다면, 우리가 내려놓은 그 무기는 상황에 따라 오로지 우리를 겨냥할 것이다"라고 썼다. 그렇게 4월 16일 베를린 공방전이 시작되었다. 베를린에서는 국민돌격대에 속한 청소년·노인·여성이 전투에 나섰다. 괴벨스는 4월 19일 라디오 연설에서 "히틀러가 없었다면 독일은 오래전에 볼셰비즘에 희생됐을 것이다. 영국과 미국이 아무리 미화하더라도 폴란드는 크렘린 수중에 떨어졌다. 독일이 폴란드같이 되었거나 앞으로 그렇게 된다면, 우리 대륙의 나머지 지역들은 어떻게 될 것인가"라고 적으며 미소동맹의 균열을 유도했다.

루스벨트가 죽은 뒤에도 동맹이 와해될 조짐이 없었다. 히틀러는 총통에게 절망적 상황을 설명할 수 없었던 장군들에게 가려 정보를 충분히 얻지 못했다. 히틀러는 이미 무너진 사단을 재배치했다. 괴벨스는 마지막 장관 주재 회의에서 "독일 민족 스스로 전쟁을 선택했다"고 밝혔다. 벙커로 들어온 괴벨스는 "총통이 명예롭게 최후를 맞이하고 나서 유럽이 볼셰비즘화된다면, 늦어도 5년 후면 총통은 전설적 인물이 될 것이고 나치즘은 신화가 될 것"이라고 주장했다. 마지막까지 자신의 실패를 정당화하기 위해 자신이 자신을 선동하는 장면이다.

내부 분열이 가속화되었다. 괴링은 히틀러에게 총통이 능력을 상실했으니 자신이 제국의 총지휘를 넘겨

받겠다는 전보를 보내 공군 총사령관직에서 해임되었다. 하인리히 힘러는 히틀러 몰래 항복을 제의하며 히틀러는 병에 걸렸다고 주장했다. 히틀러는 광분했다. 괴벨스는 끝까지 히틀러 곁에 남았다. 히틀러는 자신의 제국총리직 후임으로 괴벨스를 임명한 뒤 4월 30일 스스로 목숨을 끊었다. 괴벨스는 히틀러가 죽은 뒤 곧바로 소련과 협상을 시도했지만, 소련은 전면적 항복을 요구했다. 괴벨스는 5월 1일 아이들을 청산가리로 모두 죽인 뒤 아내와 함께 스스로 죽음을 선택했다.

# 괴벨스를
# 파멸로 이끈
# 파시즘은
# 무엇이었는가?

괴벨스의 선전과 그의 파멸적 선택을 이해하기 위해 파
시즘과 나치에 대한 간략한 해설을 덧붙인다. 파시즘은
제1차 세계대전 이후 정신적 불안, 경제적 혼란, 정치적
혼란에 대한 반응이었고, 볼셰비키 혁명의 확산에 대한
두려움의 표현이었으며 자본주의 문제를 해결하는 데 실
패한 자유주의 정부에 대한 적대감으로 인해 확산되었
다. 혼돈의 시대, 사람들은 토론이나 절차보다는 절대 권
력에 의지한다. 독일은 좌파의 위협에 맞서 민족주의적

인 지주들과 부르주아들이 질서유지 명분으로 파시즘 체제를 택했다. 공산당의 성장에 불안함을 느낀 우파의 지주·자본가들은 파시즘을 지지하는 방향으로 돌아섰다.

철학자 강유원은 "파시즘을 규정할 때는 치밀하고 적극적인 대중 동원과 열광적인 대중 참여를 고려해야 하며, 이는 파시즘이 침여 민주주의적으로 작동했다는 판단도 가능케 한다"고 지적하면서 "이성적 사유를 포기하는 순간이 곧 파시스트적 열정에 몸을 맡기는 시점"이라고 밝혔다. 아이히만의 '악의 평범성'으로 유명한 철학자 해나 아렌트는 파시즘이 가해자뿐만 아니라 피해자들까지 퇴행시켰다고 말한다. 사유, 즉 생각하는 것을 멈추게 만들어 옳고 그름을 말할 능력, 아름다움과 추함을 말할 능력을 빼앗아갔다는 것이다.

전체주의적 이론에 따르면 파시즘은 경찰이나 비밀경찰에 의한 테러 체제로, 상상된 체제의 적을 직접 겨냥하고 대중매체에 대한 독점적 통제를 기반으로 한다. 마르크스주의자들은 파시즘을 두고 '자본주의 해체에 대한 프롤레타리아의 압력이 강할 때 자본가들이 생산수단에 대한 통제력을 갖기 위해 테러에 호소하는 체제'라고 명명했다. 베버주의자들은 전前 산업적·봉건적 지배계급 엘리트가 근대화에 맞선 최후의 반동적 시도라고 보았다. 그들이 자유민주주의와 사회주의를 침식하고자 민족주의 운동을 후원했다는 설명이다.

히틀러는 독일의 사명이 '유대-볼셰비키'적 러시아를 굴복시키고 유럽을 정복하는 것이라 믿었다. 히틀러 같은 인간은 전에도 있었다. 1920년 범게르만주의자인 볼프강 카프는 베를린에서 쿠데타를 시도했다. 3년 뒤 히틀러는 뮌헨에서 맥줏집 반란이라 불린 또 다른 쿠데타를 시도했다. 나치는 유권자들에게 자신들이 민족의 이익과 각 부문의 이익을 조화할 수 있다는 확신을 주며 승리했다. 히틀러와 괴벨스는 총통주의로 자신이 무기력한 독일을 끝장내겠다고 선동했다.

나치에게 1929년 세계대공황은 기회였다. 외국 자본이 서둘러 독일에서 철수하며 독일에 타격을 주었고, 공장이 문을 닫자 실업자가 600만 명에 육박했다. 나치는 모든 혼란의 책임을 볼셰비키와 사회주의에 전가하

파시즘은 좌파와 우파에 대한 적대감을
민족주의와 결합시킨 운동으로, 괴벨스는
이 파시즘을 대체 종교로 받아들였다.
1942년의 괴벨스.

며 불평등을 비판했다. 1930년 12월 선거에서 12석에 불과했던 나치는 107석을 차지하며 제2당이 되었다. 나치는 노동계급에 유대인 자본가가 증오의 대상이란 점을 활용했다. 우익이 유대인 혁명가를 두려워하는 점도 활용했다. 반유대주의는 모든 계급을 묶을 수 있는 공통분모였다.

나치는 공장노동자들을 독일 공산당에서 떼어놓는 선전을 진행했다. 나치는 보수적 유권자들을 겨냥해 사회주의 · 공산주의에 대한 캠페인에 몰입했다. 독일 노동자 계급의 25퍼센트가 1932년 7월 선거에서 나치에 투표했다. 보수주의자들은 히틀러를 총리에 임명했다. 나치는 좌파에 대한 탄압을 시작했다. 그해 2월 27일 제국의회 방화 사건은 언론과 결사의 자유를 정지시킬 수단으로 이용되었다. 나치는 다수당이 되어 독재의 토대를 마련했다. 나치는 법 지배를 해체했다. 지도적 원리는 인종이었다. 찰스 다윈의 적자생존 원리는 사회정책에 적용되었다. 사회적 다윈주의자들은 현대사회의 안락함이 빈곤 계급에 대한 원조로 인해 사회적으로 퇴화할 것을 우려했다. 그들은 해결책으로 부적격자에 대한 절멸과 건강한 이들의 출산을 장려하는 우생학을 전파했다.

히틀러는 공산당 의원들이 제거된 의회에서 독재권을 부여받아 자신이 수립한 체제를 제3제국으로 명명했다. 이후 1934년 사회주의적 성향을 지닌 나치당 내부 지도자들 역시 반체제 음모 혐의로 처형되었다. 노동조합은 사라지고 독일노동전선이 그 자리를 대신했다. 각종 통제 속에서도 노동자들은 만족스러웠다. 1938년에는 노동력 부족을 겪을 정도로 독일은 사실상의 완전고용 수준에 도달했다. 나치는 미국의 뉴딜과 유사한 정책을 추진하며 실업률을 줄였으며 연극과 바캉스 등 대중의 여가 생활을 도왔고 독일인에게 해외여행 혜택을 제공했다. 반자본주의와 반사회주의를 표방했던 나치는 조합국가를 통해 사회주의와 자본주의를 극복한다고 주장했다.

파시스트의 조합제도는 기업과 사유재산을 인정하는 자본주의적 경제에서 국가가 경제를 통제하는 가장 극단적 형태였다. 파시즘은 서부 유럽식 자본주의와 소비에트식 계획경제에 대응하는 새로운 방식이기도 했다. 이 현상의 특징은 공적 이데올로기, 단일정당정치, 테러주의적 비밀경찰과 수용소, 커뮤니케이션 독점, 무기 독점, 중앙집중적 통제경제를 통한 지배였다.

파시즘은 좌파와 우파 모두에 대한 적대감을 민족주의와 결합시킨 운동으로, 근대에 등장한 '대체 종교'였다. 파시스트는 자기 자신을 좌파와 우파에서 모두 무시당한 사람으로 간주했다. 또한 그들은 그들이 버림받았다고 생각해 급진주의를 더욱더 강화했다. 괴벨스는 대체 종교로서 파시즘을 받아들였다. 그의 구원자는 히틀러였다. 우리 중 누군가는 언제든지 이 종교를 다시 끄집어낼 수 있다.

괴벨스가
죽은 뒤에도
반복되는
프로파간다와
가짜뉴스

───────────

프로파간다는 나치와 괴벨스만 구사했던 것이 아니다. 20세기 최악의 선동가는 어쩌면 괴벨스가 아닐 수도 있다. '매카시즘'으로 유명한 조지프 매카시 때문이다. 1908년생의 매카시는 판사 출신으로, 괴벨스의 죽음을 본 이듬해인 1946년 미국 상원의원에 당선되었다. 그는 정치적 성공을 위해 '반공'을 정치적 상품으로 키웠다. 그는 국무성에 근무하는 공무원 가운데 공산당원 205명의 리스트가 있다고 주장했다. 이들은 단순 조사 대상자였고, 명단에 있는 대부분의 사람들이 이미 국무성을 그만두었지만, 그는 거짓말에 가까운 주장을 펼쳤다.

그는 늘 틀리거나 왜곡된 숫자를 말하고 보고서 페이지 번호까지 대는 수법을 썼다. 그의 정치적 자산은 반지성주의였다. 근거 없는 비방과 인신공격은 '매카시즘'이란 신조어를 만들었다. 매카시는 아이비리그를 볼셰비즘의 온상으로 지목했다. 그는 "은 스푼을 입에 물고 태어난 영리한 젊은이들이 사악하다"고 주장했다. 매카시는 공산주의자뿐만 아니라 동부에서 교육받은 하버드 대학 출신의 지식인과 국제주의자를 표적으로 삼았다. 그는 월스트리트를 싫어했으며, 동부 기득권층을 경멸하는 자들의 지지를 받았다. 이를 두고 우파 포퓰리즘이라는 이야기도 있다. 유대인이 동부 기득권층으로 바뀐 셈이다. 매카시는 자신에게 비우호적인 신문은 모두 좌파 신문으로 몰았다. 민주당은 공산주의자들의 모임으로 비난했다.

공화당 대통령 드와이트 아이젠하워마저 그를 부담스럽게 생각했다. 결국 그는 상원에서 왕따를 당하다 알코올중독을 앓다가 사망했다. 그는 상원의원 시절 방송규제기관인 연방통신위원회에 끊임없는 압력을 가해 방송국을 떨게 만들었다. 그는 1954년 연설에서 미국의 신문 방송에 공산주의자가 침투해 있었다고 주장했다. 그러면서 그는 많은 시간을 기자들과 어울리는 데 쏟았다. 기자들의 집에 놀러가 직접 요리를 하며 친해졌다. 그래서 매카시가 말하면 기자들은 그대로 받아썼다. 객관을 가장한 맹목적인 쿼터저널리즘을 구사하는 기자들은 프로파간다의 공범자들이었다.

매카시의 프로파간다는 시대와 플랫폼에 맞춰 변화했다. 지금 미국은 가짜뉴스의 '숙주' 도널드 트럼프가 대통령이 되어 날뛰고 있다. 지난 미국 대선에선 "프란치스코 교황이 도널드 트럼프를 지지한다"는 뉴스가 페이스북에 등장했다. 출처도 명확하지 않았던 이 가짜뉴스는 무려 96만 건이나 공유되었다. 힐러리 클린턴이 IS(이슬람국가)와 연루되었다는 가짜뉴스도 70만 건 이상 공유되었다. '70뉴스'라는 트럼프 지지 사이트는 트럼프가 힐러리보다 득표수가 많다는 허위 사실을 기사 형식

21세기에도 프로파간다와 가짜뉴스는 반복되고 있다. 괴벨스가 21세기에 존재했다면 제일 먼저 구글과 페이스북을 공략했을 것이다. 1943년의 괴벨스 (가운데).

으로 유통시켰는데, 해당 URL은 구글 검색 상위에 올랐다. 미국 IT전문매체 『버즈피드』는 이 같은 내용을 보도하며 미국 대통령 선거일(2016년 11월 8일) 이전 3개월간 인터넷상에서 공유된 가짜뉴스는 870만 건이었으며, 이는 진짜뉴스 공유 횟수인 736만 건보다 많았다고 밝혔다. 가짜뉴스 대부분은 트럼프에게 유리하고 힐러리에게 불리했다. 결과는 트럼프 당선이었다.

선거가 끝나고 1여 년이 지난 지금, 러시아 쪽 단체가 미국 대통령 선거에 영향을 미치기 위해 페이스북에 요금을 지불하고 게재한 것으로 추정되는 정치 광고를 미국 내 약 1,000만 명의 사용자가 본 것으로 드러났다. 『워싱턴포스트』는 러시아 쪽 단체가 미국 대선을 방해할 목적으로 구글 플랫폼인 유튜브, 검색엔진, G메일 등에 잘못된 정보를 퍼뜨리기 위한 광고료 수만 달러를 지출한 사실을 구글이 발견했다고 보도했다. 괴벨스의 라디오가 트럼프의 트위터와 페이스북으로 옮겨간 셈이다. 21세기에도 프로파간다와 가짜뉴스는 반복되고 있다.

가짜뉴스는 기사처럼 유통된다. '일베'같은 숙주

사이트를 기반으로 가짜뉴스가 생산되고 페이스북을 통해 확산되는 식이다. 조녀선 올브라이트 미국 노스캐롤라니아 엘론대학 커뮤니케이션학과 교수는 최근 우익 웹사이트가 어떻게 메시지를 퍼뜨리는지를 연구한 논문을 발표하며 "사실이 아닌 내용을 사실처럼 퍼뜨리는 허위 뉴스사이트 총 306개를 찾아냈다"고 주장했다. 조녀선 교수는 "페이스북은 (가짜뉴스의) 효과적인 확성기 역할을 한다. 페이스북은 바이러스가 퍼지는 숙주였다"고 주장했다.

앞서 케서린 바이너 『가디언』 편집국장은 "동기가 무엇이든, 거짓과 팩트는 현재 같은 방식으로 확산된다"고 지적하며 "우리가 각각의 페이스북 뉴스피드에서 매일매일 마주하는 세계는 우리가 이미 갖고 있는 믿음을 강화하기 위해 보이지 않게 큐레이팅되고 있다는 것을 의미한다"고 강조했다. 우리가 진실이라 믿고 있는 세계는 여전히 누군가에 의해 조작되고 편집되고 있다. 『가디언』은 "수많은 링크를 여러 사이트에 심어놓고 트래픽을 주고받으며 정보를 확산하는 거대한 우익 뉴스나 선전매체 생태계가 주류 언론 생태계를 둘러싸고 있다"고 보도했다.

　　『가디언』에 따르면 가짜뉴스를 생산·유통한 우익 사이트들은 구글 페이지랭크 시스템에서 자신들의 검색 순위를 높여줄 일종의 속임수를 찾아 공략했다. 그 결과 우파는 무슬림, 여성, 유대인, 홀로코스트, 흑인 등의 주제에 관해 좌파보다 인터넷상에서 정보의 유통과 흐름을 장악하는 데 성공했다. 예컨대 구글에서 '유대인are jews'을 검색했을 때 최상위에 소개되는 글의 제목은 '사람들이 유대인을 싫어하는 이유'이며, '히틀러는 나쁜 사람이었나?Was Hitler bad?'라고 검색하면 첫 페이지에선 '히틀러가 알고 보면 좋은 사람인 10가지 이유'가 뜬다. 구글의 검색 알고리즘도 누군가에 의한 선전도구가 될 수 있다. 아마 괴벨스가 21세기에 존재했다면 그 역시 제일 먼저 구글과 페이스북을 공략했을 것이다.

# 패배자
# 괴벨스의
# 유산

———————

선전이란 무엇인가? 에드워드 버네이스는 현대의 선전을 두고 "집단과 대중의 관계에 영향을 미치기 위해 사건을 새로 만들거나 일정한 방향으로 끼워 맞추려는 일관된 노력"이라 말했다. 그는 "누구든 귀중한 진리를 발견했다고 믿을 경우 진리를 확산시키는 것이 그 사람의 특권이자 의무"라고 주장했다. 세상의 모든 사람은 자신의 세계에서 선전을 한다. 에드워드 버네이스는 "진리의 확산은 오로지 조직화된 노력을 통해 효과적으로 이루어질 수 있다"며 선전을 합리화한다.

우리가 박근혜 · 최순실 국정농단 당시 '#그런데 최순실은?' 해시태그 운동을 벌였던 행위는 선전이다. 우리는 국정원법을 어기지 않고 헌법에 명시된 집회결사의 자유와 표현의 자유와 사상의 자유를 누렸다. 2017년 극장기에서 호평을 받았던 영화 〈1987〉 또한 박종철 · 이한열 등 실존 인물을 동원한 민주화 체제 선전 영화다. 우리는 영화를 통해 권위주의 군부독재 철폐의 역사를 자랑스러워할 수 있게 된다.

그러나 선전을 극대화하기 위해 가짜뉴스가 만들어지고, 선전의 목적이 지배일 경우 비극이 초래되기도 한다. 선전은 또한 일반적으로 지배자들의 언어다. 국가도 선전을 할 수 있다. 한국은 홍보수석이 국가의 공식 선전 담당자다. KBS 보도국장에게 전화를 걸어 "극적으로 한 번만 도와주쇼"(전 청와대 홍보수석 이정현)라고 말하는 건 언론자유 침해다. 선전에도 넘지 말아야 할 '선'이 있다.

오늘날 선전도구는 인간의 의사소통 수단 전부

를 뜻한다. 선전의 기본은 일정한 자극을 반복해 습관으로 굳게 하는 것이다. 군주제든 민주제든 공산제든 정부의 성패는 여론의 지지에 달렸다. 그 때문에 "선전은 절대 사라지지 않는다. 현명한 사람일수록 선전은 생산적인 목표를 달성하고 무질서를 바로잡는 데 필요한 현대적 도구라는 점을 직시한다"(에드워드 버네이스)는 지적이 지금도 힘을 얻고 있다. 그러나 지금껏 선전에 대한 부정적 선전은 계속되어왔다.

독일이 전쟁과 유대인 학살을 합리화했듯이, 미국과 영국 또한 전쟁 국면에서 국민을 속이기는 마찬가지였다. 그래서 선전에는 '배신', '속임수'와 같은 부정적 이미지가 따라다닌다. 그러나 근대적 선전의 창시자가 갖는 생각은 다르다. 버네이스는 "진정한 사회학자라면 민심이 신성하다거나 특별히 현명하고 고결한 사상을 대변한다고는 더이상 믿지 않는다. 민심은 국민의 생각을 표현하며, 국민의 생각은 국민이 신뢰하는 지도자와 여론 조작에 능한 사람들에 의해 형성된다"고 주장한다. 선전은 그 자체로 악이 아니다. 선전은 도구다. 때론 악마

괴벨스는 현대적인 국가체계를 이용해 선전을 체계
화한 상징적 인물이다. 그의 선전 전략은 '호전적 애
국주의'였고, 인종주의가 결합되어 국가사회주의로
구현되었다. 1943년의 괴벨스(왼쪽).

의 도구다.

괴벨스는 1941년 6월 20일 일기에서 이렇게 적었다. "(우리는) 영화와 라디오, 언론의 도움으로 국민들을 교육한다. 국가는 그것들을 결코 내버려둬서는 안 된다." 언제든 빈민으로 추락할 수 있다는 두려움이 있는 곳일수록 극단주의가 지지를 받고, 선전은 효과적으로 먹혀든다. 전쟁과 대공황을 겪은 그들 앞에 나타난 파시즘은 그래서 먹힐 수 있었다. '선전'은 설득을 위한 도구다. 그 자체로 악하다고 생각하지 않는다. 하지만 선전의 주체에 따라, 선전의 목적에 따라, 선전의 방식에 따라 선전의 결말이 정해졌다. 괴벨스의 일기에 적힌 대로 국가권력이 선전의 주체가 되는 경우, 결말은 대체로 좋지 않았다. 괴벨스의 발자취는 대게 독재자의 참고서였다. 또는 독재자를 추종하는 이들의 교본이었다.

미디어는 100년 전이나 지금이나 편견을 확산시키는 도구다. 특히 한국 사회에서는 동남아시아 남성 노동자와 이주 여성들을 잠재적 범죄자 또는 근로기준법을 적용하지 않고 함부로 대해도 되는 2등 시민으로 취급한다. 중국에서 온 조선족들이나 탈북민에 대한 인식도 마찬가지다. 유독 조선족이나 탈북민 범죄자들이 뉴스에 다수 등장하며 편견이 확산되는 식이다.

대표적 편견은 '여론조사'다. 프랑스 사회학자 피에르 부르디외는 여론조사를 두고 여론조사는 모든 사람이 의견을 갖고 있다, 모든 의견이 똑같은 무게를 갖고 있다, 물을 만한 가치가 있는 질문에 관한 동의가 이루어졌다는 그릇된 전제 위에서 출발한다고 지적하며 "여론은 존재하지 않는다"고 주장했다. 그는 여론조사가 단순한 것을 좋아하는 언론인들이 이미 단순한 데이터를 더욱 단순화하는 위험을 안고 있다고 강조했다. 한국은 여론조사공화국이라 불릴 만큼 수치화된 여론에 민감하다.

뉴스가 쏟아지는 뉴스의 시대. 이제 비판적 독해 능력(미디어 리터러시)은 합리적인 시민사회를 위한 시민들의 양식이자 민주주의를 지켜내는 수단이다. 박정희가 논두렁에서 농민들과 막걸리를 마시는 장면이 보도될 때, 정부는 저곡가 정책으로 농민을 쥐어짰다. 전두환이 웃으며 야구장 시구에 나설 때, 또 다른 현실에선 광주민

중항쟁을 은폐하고 삼청교육대를 만들어 군사독재를 유지했다. 권력의 얼굴은 달라졌지만 권력의 본질은 달라지지 않았다. 미디어 리터러시의 출발은 미디어를 통해 인간의 행동을 통제하고 여론을 왜곡했던 불온한 역사를 배우는 것이다. 이를 위해 괴벨스만큼 좋은 교재도 없다.

괴벨스는 현대적인 국가체계를 이용해 선전을 체계화한 상징적 인물이다. 그는 선전을 시스템화했다. 괴벨스의 선전 전략은 '호전적 애국주의'였다. 여기에 인종주의가 결합되어 국가사회주의로 구현되었다. 포스터·전단·신문·출판·라디오·영화까지 그는 대중 선동의 정점을 보여주었다. 그는 누구보다 대중의 감정과 본능을 자극하는 데 능했다. 악마의 재능이었다. 우리가 그를 통해 배워야 할 것은 그의 재능이 아니라, 그가 자신의 재능을 그따위로 썼던 이유, 그가 실패했던 이유다. 선전은 그 자체로 선과 악이 될 수 없다. 선전의 선과 악은 선전에 노출된 사람들이 어떤 방향으로 나아가느냐에 따라 결정된다.

# 최고의
# 선전가

---

혹자는 괴벨스를 20세기 최고의 선전가로 기억하지만, 나는 괴벨스를 뛰어넘는 최고의 선전가는 영화배우 찰리 채플린이었다고 생각한다. 괴벨스와 동시대를 살았던 채플린은 영화 〈모던타임즈〉를 통해 자본주의의 기계문명과 인간의 소외를 절묘하게 다루며 불후의 명작을 남겼다. 나치가 세계전쟁을 일으킨 1940년, 찰리 채플린이 감독·제작·각본·주연을 맡은 영화 〈위대한 독재자〉는 나치와 히틀러를 비판하고 지구사회의 비인간성을 경계

한 20세기 최고의 영화였다.

이 영화는 나치 독일을 떠올리게 하는 가상의 국가에서, 히틀러를 상징하는 힌켈과 나치를 희화화한 쌍십자당을 통해 파시즘을 풍자한다. 실제로 찰리 채플린은 히틀러와 동갑이었다. 힌켈과 닮은 꼴 외모의 이발사 찰리는 유대인 탄압으로 수용소에 끌려가지만 탈옥에 성공하고, 힌켈은 탈옥범으로 오해를 받고 감옥에 들어간다. 그리고 독재자가 된 찰리는 그 유명한 위대한 연설에 나선다. 이 연설로 '괴벨스의 패배'를 선언하며 짧은 글을 마칠까 한다.

"미안합니다. 나는 황제가 되고 싶지 않습니다. 그건 제가 할 일이 아닙니다. 저는 누구를 다스리거나 정복하고 싶지도 않습니다. 가능하다면 모든 이들을 돕고 싶습니다. 유대인, 반유대인, 흑인, 백인 모두 말입니다. 우리는 서로 돕기를 원합니다. 인간이란 그런 것입니다. 우리는 다른 사람의 불행을 딛고 사는 게 아니라 남이 행복한 가운데 살기를 원합니다. 우리는 서로 증오하거나 경멸하길 원하지 않습니다. 세상에는 모든 사람이 함께 행복하게 살아갈 자리가 충분히 있습니다. 풍요로운 대지는 모든 사람을 먹여 살릴 수 있습니다. 인생은 자유롭고 아름답게 살아갈 수 있음에도 우리는 그 삶을 잊어버렸습니다. 탐욕이 인간의 영혼을 좀먹고 세계를 증오의 벽으로 가로막아 우리에게 불행과 죽음을 가져다주었습니다. 우리는 빠르게 발전했지만, 스스로를 가두고 말았습니다. 대량생산을 가능하게 한 기계는 우리에게 결핍을 가져다주었습니다.

지식은 우리를 냉소적으로 만들었고, 우리의 지혜는 우리를 비정하고 냉혹하게 만들었습니다. 생각은 많이 하면서도 느끼는 것은 거의 없습니다. 기계보다 우리가 진정으로 필요로 하는 것은 인간성입니다. 영리함보다는 친절함과 상냥함이 필요합니다. 그렇지 않으면 인생은 비참해지고 결국 우리는 모든 것을 잃게 될 것입니다. 비행기와 라디오는 우리가 좀더 가까워질 수 있도록 만들었습니다. 이런 발명은 우리 모두의 형제애를 회복하라는 외침입니다. 지금 이 순간에 제 목소리는 전 세계로 퍼져나가 인간을 고문하고 죄 없는 사람을 가두는

독재자가 된 찰리는 '위대한 연설'을 한다. "민주주의의 이름으로 모두 뭉칩시다!"

체제에 희생된 수백만의 절망하는 남녀노소의 귀에 닿을 것입니다. 지금 제 목소리를 들을 수 있는 사람들에게 전합니다. 절망하지 맙시다! 우리가 겪는 불행은 인간의 탐욕이 빚어낸 결과이며, 인류의 진보를 두려워하는 사람들이 만들어낸 빈정거림에서 비롯된 것입니다. 증오는 지나가고 독재자는 사라질 것이며 그들이 인류로부터 앗아간 힘은 제자리를 찾을 것입니다. 자유는 결코 사라지지 않을 것입니다.

군인들이여! 당신들을 짐승처럼 다루고 조련해 전쟁터의 희생물로 만든 잔인무도한 자들에게 굴복하지 마시오! 이런 비인간적인 정신과 마음을 가진 기계나 다름없는 자들에게 자신을 내맡기면 안 됩니다. 여러분은 기계가 아닙니다. 여러분은 가축도 아닙니다. 인간입니다! 여러분의 마음에는 인류에 대한 사랑이 숨 쉬고 있습니다. 증오하지 마세요. 비인간적인 자들만이 증오합니다. 군인들이여! 노예제를 위해 싸우지 맙시다. 자유를 위해 싸웁시다. 「누가복음」 17장에 이렇게 쓰여 있습니다. '하느님의 나라는 사람 속에 있다.' 모든 인간 속에

하느님의 나라가 있습니다. 그리고 당신은 힘을 갖고 있습니다. 기계를 창조할 힘과 행복을 창조할 힘 말입니다. 당신은 삶을 자유롭고 아름답게, 그리고 모험 가득한 멋진 인생을 만들 수 있는 힘도 갖고 있습니다. 그러니, 이제 민주주의의 이름으로 그 힘을 사용합시다. 새로운 세계를 위해 투쟁합시다.

모두에게 일할 기회를, 젊은이에게 미래를, 노인에게는 안정을 제공할 훌륭한 세계를 건설하기 위해 싸웁시다. 물론 짐승 같은 무리들도 이런 공약을 내걸고 권력을 잡았지만 그들의 약속은 지켜지지 않았고 앞으로도 절대 지켜지지 않을 것입니다. 그들은 지킬 생각조차 없었습니다. 독재자들은 자신들만 자유를 만끽할 뿐 민중을 노예로 전락시켰습니다. 세계를 해방시킵시다. 국가 간의 경계를 허물고 탐욕과 증오와 배척을 버리도록 함께 싸웁시다. 이성이 다스리는 세계, 과학의 진보가 모두에게 행복을 주는 세계를 만들도록 투쟁합시다. 군인들이여, 민주주의의 이름으로 우리 모두 뭉칩시다!"

요제프 괴벨스

ⓒ 정철운, 2018

초판 1쇄 2018년 6월 18일 펴냄
초판 2쇄 2020년 11월 17일 펴냄

지은이 ㅣ 정철운
펴낸이 ㅣ 강준우
기획 · 편집 ㅣ 박상문, 박효주, 김환표
디자인 ㅣ 최진영, 홍성권
마케팅 ㅣ 이태준
관리 ㅣ 최수향
인쇄 · 제본 ㅣ ㈜삼신문화

펴낸곳 ㅣ 인물과사상사
출판등록 ㅣ 제17-204호 1998년 3월 11일

주소 ㅣ 04037 서울시 마포구 양화로7길 6-16 서교제일빌딩 3층
전화 ㅣ 02-325-6364
팩스 ㅣ 02-474-1413

www.inmul.co.kr ㅣ insa@inmul.co.kr

ISBN 978-89-5906-502-8  03300

값 10,000원

이 도서의 국립중앙도서관 출판예정도서목록(CIP)은 서지정보유통지원시스템 홈페이지
(http://seoji.nl.go.kr)와 국가자료공동목록시스템(http://www.nl.go.kr/kolisnet)에서
이용하실 수 있습니다. (CIP제어번호: CIP2018017281)